자본주의를 부탁해!

읽으면 공부가 되는
기본소득과 자본주의

태지원 지음

(주)자음과모음

1장
정부가 우리에게
공짜 철금을 준다면?

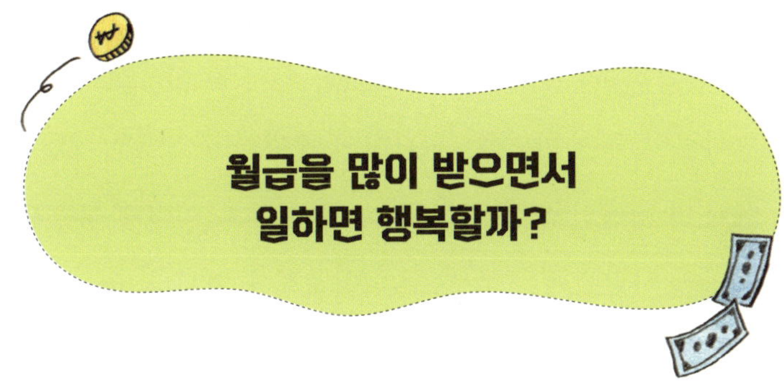

월 250만 원 받는 백수 VS 월 1000만 원 버는 직장인

'밸런스 게임'이라는 놀이에 대해 들어 본 적 있나요? 최근 몇 년 간 인터넷 커뮤니티에서 한창 인기를 끌고 있는 게임이에요. '부먹 VS 찍먹'처럼 두 가지의 상반된 선택지 중에서 더 마음에 드는 쪽을 택하는 방식입니다. 다양한 선택지가 인터넷에 떠돌았는데, 그중 다음과 같은 내용이 등장해 화제가 된 적이 있지요.

> 평생 직장인으로 일하며 월 1000만 원 받기(대신 하루 10시간 근무)
>
> VS
>
> 평생 백수로 살며 월 250만 원 공짜로 받기

두 가지 선택지를 놓고 많은 누리꾼이 자신의 의견을 제시했습니다. '아무 일도 하지 않고 자유롭게 놀고 싶다'는 이유로 백수를 선택하는 사람이 있는 반면에, '시간이 부족해도 풍요로운 생활을 누리고 싶다'며 직장인을 선택하는 사람도 있었지요. 어떤 이들은 "어차피 평범한 사람에게는 둘 모두 비현실적인 것이니, 현재 자신의 삶에 충실하세요"라는 재치 어린 답변을 달았습니다.

'두 선택지가 모두 비현실적'이라는 말은 우스갯소리 같지만 의미심장하게 느껴지기도 합니다. 실제로 근로자가 월 1000만 원을 벌기 위해서는 연소득이 1억 원을 훌쩍 넘어야 합니다. 우리나라에서 연소득이 1억 원 이상인 사람은 2019년 기준 전체 근로자의 4.4퍼센트(국세청 국세통계연보, 2020)밖에 되지 않으니 현실에서 쉽게 달성하기 어려운 기준이지요. 하루에 10시간씩 일하는 것도 마찬가지입니다. 오랫동안 직장에서 일하는 만큼 잠을 자고 휴식을 취할 시간을 일정 부분 포기해야 합니다.

평생 백수로 월 250만 원을 꼬박꼬박 받는다는 선택지는 어떨까요? 이 경우 은행에 많은 돈을 예금해 어마어마한 이자를 받거나 건물을 소유해서 매달 임대료를 받는 등의 수입이 있어야 합니다. 그러지 않는 이상 이루기 어려운 일이지요.

둘 중 어느 쪽도 정답이라고 할 수 없습니다. 모든 사람은 자신이 원하는 삶을 선택할 자유가 있으니까요. 그러나 한 가지 생각해 볼 점은 있습니다. 지금까지 우리는 현실적으로 한 가지 선택지에만 관심을 가져 왔습니다. 자신의 노동력을 제공하고, 그 대가로 임금을 받으며 살아가는 것 말이에요. 월 1000만 원의 어마어마한 수입은 아니더라도 일정한 수입을 얻기 위해 일하는 것을 당연하게 생각해 왔습니다.

하지만 사실은 밸런스 게임보다 더 많은 선택지가 존재할지도 모릅니다. 월 250만 원을 벌며 살기나 하루 3~4시간만 일하며 풍족하게 살기 등의 선택지는 없는 걸까요? 우리는 언제부터 하루 중 대다수의 시간을 돈을 벌기 위해 일해야 한다고 생각하게 되었을까요?

〈모던 타임즈〉의 톱니바퀴 속 우리는 왜 항상 바쁠까?

1920년대의 전설적인 배우 찰리 채플린이 감독과 주연을 맡은 무성영화 〈모던 타임즈〉(1936) 속 찰리는 온종일 공장에서 나사 조이는 일을 합니다. 공장 주인은 빠르게 생산해야 한다며 직원들을 재촉하지요. 반복적인 일을 하다 지친 찰리는 나사처럼 생긴 것은 뭐든지 조이려는 병에 걸리고 맙니다. 심지어 다른 사람의 옷에 달린 단추마저 볼트로 착각해 너트를 갖다 대기도 합니다.

찰리의 분주하고 정신없는 삶은 어디에서 시작된 것일까요? 원

자본주의의 발달 속에서 인간이 소외되는 현장을 보여 주는 영화 〈모던 타임즈〉

인을 따져 보면 18세기 후반 영국까지 시간을 거슬러 올라갑니다. 당시 영국에는 기계가 발명되고 생산 기술이 발달하면서 같은 시간과 노동력으로도 예전보다 훨씬 더 많은 물건을 생산할 수 있게 되었습니다. 농업이 중심이었던 세상이 끝나고 공업이 주요 산업으로 우뚝 섰지요.

공장에서 대량으로 상품을 만드는 방식이 자리 잡으면서 돈을 가진 자본가와 직접적으로 일을 하는 노동자라는 새로운 계급이 출연합니다. 공장과 기계를 가진 자본가들은 노동자를 고용해 상품을 생산하면서 사유 재산을 쌓았습니다. 자본가가 더 큰 이윤을 얻기 위해서는 노동자들에게 임금을 덜 주고 길게 일하도록 하는 것이 유리했습니다. 게다가 공장에서 기계를 조작하는 일은 기술이 없어도 누구나 쉽게 할 수 있는 작업이었지요. 농촌에서 몰려온 사람들, 여성과 아이들까지 조금만 돈을 주면 공장에서 일할 사람은 충분했습니다. 실제로 1900명의 노동자가 소속된 영국의 한 공장에는 근로자의 3분의 2가 미성년자로 구성되어 있었습니다. 그중에는 고작 6세인 소년 노동자도 있었지요.

기록에 따르면 당시 노동자들은 생계를 꾸리기 위해 낮은 임금과 열악한 노동 환경을 참으며 일했습니다. 그들은 8초 이상 한눈을 팔아서는 안 된다는 엄격한 규율 속에서 11시간 이상 일하기도 했습니다. 그런데 이렇게 일하고 받는 임금은 겨우 먹고살 만한 수준의 돈이었습니다.

시간이 갈수록 기술이 발달하며 생산 방식도 더 체계적으로 바뀌어 갔습니다. 20세기 이후 미국에서 '자동차 왕'이라 불리던 헨리 포드가 컨베이어 시스템을 만들면서 생산 기술은 더욱 발달합니다. 컨베이어가 저절로 움직이면 그 속도에 맞추어 상품이 이동했고, 노동자는 고정된 자리에 서서 부품을 조립하거나 물건을 포장하는 방식이었습니다. 컨베이어가 도입되자 노동자들의 불필요한 움직임이 줄었고, 생산성은 높아졌습니다. 자동차 1대를 생산하는 데 걸리는 시간이 630분에서 93분으로 대폭 줄었습니다. 컨베이어 시스템 덕분에 자동차 가격이 3분의 1로 떨어지며 누구나 자동차를 살 수 있는 시대가 왔지요.

생산성을 크게 높인 컨베이어 시스템

대량 생산이 가능해지면서 인류는 전보다 풍요로운 환경에 놓였지만, 한편으로 인간은 노동 현장에서 자유의지를 가진 주인공이 아닌 주변부로 밀려났습니다. 생산의 중심은 기계가 되었고, 인간은 분업 과정에서 기계를 보조하는 역할을 맡게 되었지요. 창의적으로 생각하거나 개성을 발휘해 일할 필요 없이 기계의 부품처럼 정해진 일을 했습니다. 〈모던 타임즈〉 역시 이렇게 노동 현장에서 정작 인간이 소외된 세상의 모습을 보여 줍니다.

찰리 채플린의 영화는 자본주의 사회 속 '노동'의 의미를 생각해 보게 합니다. 노동이라는 단어의 어원은 라틴어 'Labor'로, 고문과 속박을 뜻합니다. 자유로운 생활과 여가를 포기하고 생계를 잇기 위해 하는 활동이라는 말이지요. 산업자본주의가 발달한 이후 노동자가 오래 일하는 것은 중요한 규칙이 되었습니다. 공장을 운영하는 자본가 입장에서 더 많은 이윤을 남기려면 노동자가 부지런히 일해야 했으니까요. 자본가는 노동자에게 식사 시간이나 쉬는 시간을 줄이고 일하는 시간을 최대한 늘릴 것을 요구했지요. 이러한 분위기 속에서 생존을 위해 오랜 시간 노동해야 한다는 생각은 당연시되었습니다.

시간을 저축하는 방법

독일 작가 미하엘 엔데의 소설 『모모』는 떠돌이 소녀 모모가 시간 도둑에 맞서 마을 사람들이 빼앗긴 시간을 찾아 주는 이야기입니다. 이 소설에는 시간 도둑인 회색 일당의 영업 사원이 마을의 이발사 앞에 나타나는 장면이 있습니다. 영업 사원은 시간을 아껴 저축해 재산을 모으라며 이발사를 설득하지요. 그는 매일 2시간씩 20년을 저축하면 어마어마한 시간 재산이 모여 나중에 부자가 될 수 있다는 이야기를 건넵니다.

영업 사원이 제시한 시간을 저축하는 방법은 무엇일까요? 그는 '하찮은 시간'을 아껴 써야 한다고 강조합니다. 그가 이야기한 하찮은 시간은 어머니를 돌보는 시간, 저녁 명상 시간, 친구나 손님과 다

정하게 대화하는 시간 등이었습니다. 돈을 모으는 데 도움이 되지 않는 시간을 줄이면 큰 부자가 될 수 있을 거라는 논리였지요. 그의 이야기에 설득당한 이발사는 이후 주변 사람들과 대화 나누는 시간을 줄였고, 저녁 명상 시간도 줄이며 더 많은 시간을 모으려고 노력합니다.

경제학에는 기회비용이라는 개념이 있습니다. 여러 가지 중에서 무언가를 선택하기 위해 포기하는 가치를 의미하지요. 만약 짜장면과 짬뽕 중 무엇을 고를까 고민하다 짜장면을 선택한다면, 짜장면을 사 먹기 위해 쓴 돈은 물론 짬뽕을 먹으면서 느낄 수 있는 만족감까지 기회비용으로 포기하는 셈입니다.

『모모』 속 이발사의 선택에도 기회비용이 있었습니다. 그는 시간을 아낀 덕분에 더 많은 재산을 버는 것처럼 보입니다. 잃는 것이 없어 보이죠. 그러나 재산을 모으기 위해 여가와 소중한 사람들과의 만남으로 얻을 수 있는 만족감을 기회비용으로 포기했습니다. 돈을 버는 데 모든 시간을 보내며 그의 삶은 삭막해져 갔지요.

긴 시간 일하는 나라

부자가 되기 위해 삭막해진 이발사의 삶이 단순히 소설 속 이야기일까요? 현실에도 비슷한 선택이 있을 수 있습니다.

MZ세대는 주로 1980년대에서 2000년대 사이에 태어난 세대를 아우르는 말입니다. 새로운 시대를 이끌어 갈 세대로 주목받고 있기도 하지요. 최근 MZ세대의 사고방식을 조사한 흥미로운 결과가 주목을 끌었습니다.

한 여론조사에서 서울에 사는 MZ세대 중 6.7퍼센트가 '수입을 위해 일하기보다는 여가를 가지고 싶다'고 답했습니다. 서울 시민 전체를 대상으로 한 결과(6.36%)보다 높은 수치였지요. 이는 MZ세대가 다른 세대에 비해 여가의 중요성을 잘 알고 있음을 보여 줍니다. 한 구인·구직 플랫폼이 MZ세대를 대상으로 한 설문조사에서도 비슷한 결과가 나타납니다. 이들은 '가장 입사하기 싫은 회사 유형'으로 야근, 주말 출근 등 초과 근무가 많은 기업(31.5%)을 1위로 꼽았습니다.

많은 언론에서는 직장에 다니는 MZ세대가 '워라밸'을 중요하게 생각한다고 분석했습니다. 워라밸은 '워크 라이프 밸런스(Work-life Balance)'의 줄임말로, 일과 개인의 삶 사이의 균형을 일컫습니다. 일이나 수입도 중요하지만 가족과 보내는 시간이나 여가, 취미나 관심사 등 개인의 사생활을 중요하게 생각하는 분위기로 바뀌고 있다는 뜻이지요.

MZ세대의 생각은 왜 주목을 끌었을까요? 지금까지 우리나라의

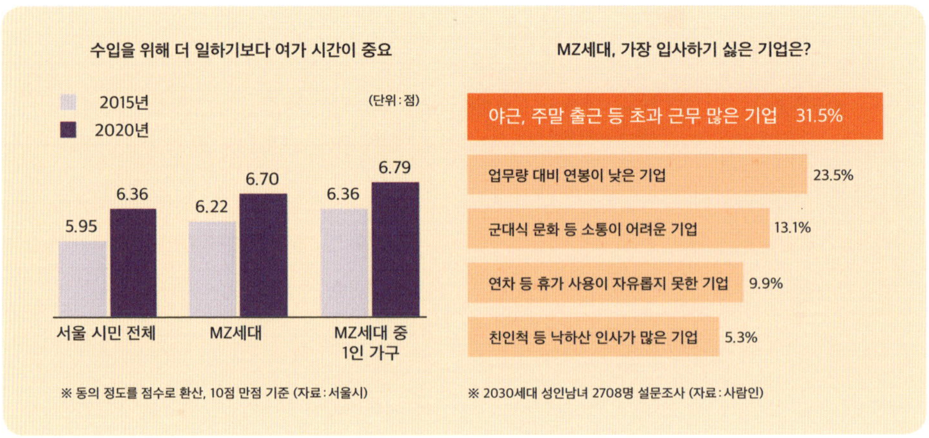

근무 현실과는 정반대 방향을 가리키고 있기 때문입니다. 한국은 '노동자가 긴 시간 일하는 나라'로 유명합니다. 우리나라 노동자는 평균적으로 1년 동안 약 1908시간을 일하는 것으로 조사되었습니다. OECD 회원국의 평균 노동 시간(1687시간)보다 1년에 221시간, 즉 약 9.2일 정도를 더 일한 셈입니다. 우리나라보다 일하는 시간이 더 긴 나라는 멕시코(2124시간)와 코스타리카(1913시간)뿐이었지요. 한국은 2008년 이후 줄곧 OECD 회원국 중 노동 시간이 긴 나라로 다섯 손가락 안에 들었습니다.

긴 노동 시간은 한국인의 행복지수에도 영향을 미치는 것으로 나타났습니다. 국민 행복지수는 말 그대로 각 나라의 경제 규모와 근무 환경, 기대 수명, 생활 환경, 빈곤율, 사회적 지지 등을 종합적으로 살펴 국민이 얼마나 행복한지 살펴보는 통계입니다. UN의 자문 기구인 지속가능발전해법네트워크가 2021년에 발표한 국가 행복지수 순위를 보면, 한국인들의 행복지수는 10점 만점에 5.85점에 불과했습니다. 전체 조사 대상 149개국 중 62위였지요. OECD 37개 나라 가운데에는 35위로 거의 꼴찌에 가까운 순위를 기록했습니다.

경제 규모가 세계 10위권인 우리나라의 행복지수가 이토록 낮은 이유는 무엇일까요? 국내 연구 기관의 분석 결과, 주요 원인 중 하나로 '긴 노동 시간'이 뽑혔습니다. 예전에 비해 근무 조건은 점점 좋아지고 있지만 아직 갈 길이 멀다는 이야기가 나오는 이유입니다.

밸런스 게임의 선택지 늘리기, 가능할까?

'월요병'이라는 말이 있습니다. 주말이 지나고 월요일에 출근하는 직장인이 느끼는 심리적 괴로움을 표현하지요. 인터넷 검색어와 게시판에서는 '월요병 퇴치' '월요병 증상'이라는 이야기를 쉽게 찾을 수 있습니다. 월요일이 싫을 만큼 출근이, 노동이 싫은 이유는 무엇일까요? '생계를 위한 노동' 외에 자유롭게 택할 수 있는 선택지가 충분하지 않기 때문이 아닐까요?

처음 우리는 두 가지 선택지 중 하나를 택하는 밸런스 게임에서 이야기를 시작했습니다. 밸런스 게임은 단 두 개 중에서 하나를 선택하는 형식이었지요. 이제 질문을 바꿔 볼까요? 삶의 선택지가 단 두 개가 아니라 그보다 다양하다면 어떨까요? 가령 '하루 3~4시간만 일하면서도 경제적으로 안정된 삶'이 가능하다면요? 그렇다면 우리에게 주어진 삶의 선택지는 더욱 다양해질 수도 있습니다. 자아실현과 행복을 위해 일하는 사람도 있지만, 생계를 위해 억지로 일한다고 생각하는 사람도 있습니다. 일을 좋아해도 지나치게 긴 노동 시간 때문에 지쳐 버린 사람도 있지요. 만약 인생의 밸런스 게임에서 선택지를 늘릴 방법이 존재한다면 많은 이들의 행복지수도 올라가지 않을까요? 이렇게 인생의 다양한 선택지를 늘리는 방법으로 나온 이야기가 바로 '기본소득'입니다.

핀 생산량을 48000개까지 늘리는 방법을 가르쳐 준 애덤 스미스

음악의 아버지 바흐, 의학의 아버지 히포크라테스 등 모든 학문과 예술에는 해당 분야의 길을 연 '아버지'라 불릴 만한 인물이 있습니다. 경제학에도 아버지라 불리는 사람이 있지요. 애덤 스미스라는 도덕철학자입니다.

논리학과 도덕철학을 공부했던 애덤 스미스가 경제학의 창시자로 이름을 남기게 된 건 『국부론』(1776)이라는 저서 덕분입니다. 이 책에서 그는 한 나라가 부자가 되는 방법에 대해 이야기했습니다. 가장 유명한 구절을 함께 볼까요?

> 우리가 매일 식사를 마련할 수 있는 것은 푸줏간 주인과 양조장 주인, 빵집 주인의 자비심 때문이 아니라 그들이 자신의 이익을 위해 했던 계산 때문이다. 우리는 그들의 자비심에 호소하지 않고 그들의 자애심(이기심)에 호소하며, 우리의 필요를 말하지 않고 그들에게 유리함을 말한다.
>
> ―『국부론』 중

당시는 유럽 각 나라의 왕권이 막강하던 절대왕정시대였습니다. 부자 국가 만들기를 꿈꾸던 국왕과 정부는 수출이나 수입에 붙는 세금을 마음대로 정하거나 시민의 경제 활동에 대한 간섭을 일삼았습니다.

애덤 스미스는 경제 분야에 있어 국가의 지나친 간섭에 반대했습니다. 그는 『국부론』을 통해 정부가 경제 활동에 간섭하지 말고 자유롭게 놓아두어야 한다고 주장했습니다. 사람들이 각자 자신의 이익을 좇아 열심히 일하면 그 가운데 '보이

경제학을 창시한 애덤 스미스

지 않는 손(시장의 가격)'을 통해 국가의 부가 자연스럽게 커진다고 보았기 때문입니다.

또한 상품을 생산할 때 분업이 얼마나 효과적인지에 대해서도 이야기했습니다. 기술이 부족한 노동자가 혼자서 핀 하나를 만든다고 생각해 보세요. 온종일 일해도 20개도 채 만들기 어려울지 모릅니다. 하지만 만약 핀의 생산 과정을 철사 자르기, 뾰족하게 만들기 등 18개로 쪼갠 다음 각각의 과정을 10명의 장인이 적당히 나누어 담당한다면 어떨까요? 한 사람이 정해진 부분만 맡아 할 경우 숙련도가 높아져 일하는 속도가 빨라지고, 이 작업에서 저 작업으로 옮겨 가는 시간이 절약됩니다. 생산 과정은 훨씬 신속해지고, 핀 생산량은 48000개까지 늘어나지요. 애덤 스미스는 핀 공장의 사례를 통해 분업할수록 생산성을 높일 수 있다는 사실을 이야기했습니다.

분업의 장점은 국가 안에서 이루어지는 경제 활동에도 해당합니다. 이 때문에 그는 시장에서 푸줏간 주인과 빵집 주인 등 모든 사람이 자신에게 나누어진 몫의 일을 열심히 하면 개인의 이익뿐 아니라 국가의 이익도 늘어난다고 말한 것입니다.

애덤 스미스의 사상은 자본주의의 발달에 크나큰 역할을 했습니다. 그의 의견대로 국가는 자본가의 경제 활동에 간섭하지 않는 자유방임주의를 실시했습니다. 자유로운 분위기 속에 경제는 활발하게 성장했지요. 그러나 빈부격차나 환경오염, 공공시설 부족 등 생각지 못한 문제도 생겨났습니다.

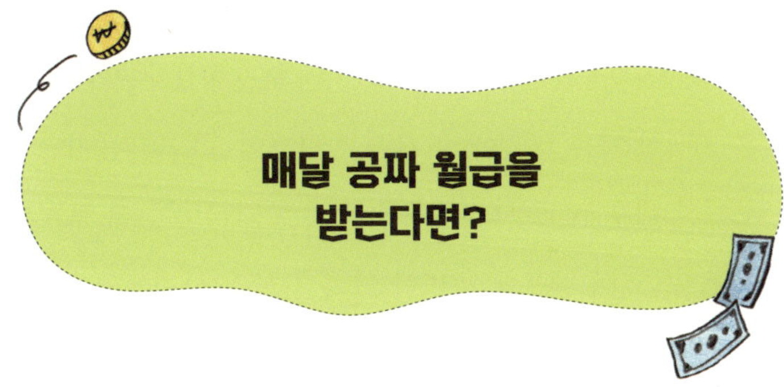

가난하면 취향도 빈곤해질까?

한 SNS에 올라온 짧은 글이 화제가 된 적이 있습니다. '가난하면 취향도 빈곤해진다'라는 제목이었지요. 경제적으로 어려운 환경에서 성장할 경우 본인이 할 수 있는 일의 선택지가 줄어들고, 경험의 기회도 적어지면서 자연스럽게 취향을 따질 여유가 없어진다는 내용이었습니다. 현실적인 이야기라며 많은 누리꾼이 공감했지요.

보통 '가난'이라는 단어를 떠올리면 낡은 집에 살고 허름한 옷을 입은 누군가를 상상하게 됩니다. 그래서 기본적인 생활을 유지하기 힘든 이들을 선별해 도와주면 가난이 해결된다는 결론에 이르기도 하지요. 그러나 단순히 의식주를 해결하는 일 외에 가난한 이들은 자신이 원하는 것을 선택하고 싶은 욕구가 없을까요?

  가난은 기본적인 욕구를 충족하기 어려운 상황뿐만 아니라 '원하는 것을 선택할 자유'의 문제와 깊이 관련되어 있습니다. 가난한 환경에서 자란 경우 처음부터 선택지 자체를 많이 경험해 보지 않았을 수 있습니다. 이 때문에 소비나 문화 경험의 선택에서부터 제한을 받을 수 있지요. 예를 들어 '7000원짜리 음식점 밥'과 '1000원짜리 삼각 김밥' 중에서 1000원짜리 삼각 김밥을 선택하기 쉽습니다. 또 '15만 원짜리 연극을 실제 공연장에 가서 보는 것'과 '집에서 TV를 시청하는 것' 중 TV 시청을 선택할 가능성이 높지요.

  돈이 없으면 선택지를 넓혀 가며 자신이 원하는 바를 누릴 수 있는 여유를 충분히 얻을 수 없는 걸까요? 누릴 수 없음을 당연하게 여기며 살아야 할까요? 조금 더 많은 선택지 속에서 나은 삶을 위해 노력할 수는 없을까요? 이것을 가능하게 할 방법 중 하나로 기본소득이 제시되고 있습니다.

매주 월요일에 나누어 주는 공짜 매점 쿠폰

  충북의 한 초등학교에서는 월요일 아침마다 특이한 광경을 엿볼 수 있습니다. 교실 앞 복도에 전교생의 이름이 적힌 봉투가 걸려 있지요. 봉투 안에는 2000원짜리 매점 쿠폰이 들어 있습니다. 이 쿠폰으로 아이들은 학용품, 음료수, 과자 등을 자유롭게 구매할 수 있습니다. 이 학교에서는 왜 학생들에게 공짜 쿠폰을 주는 것일까요?

처음 이 학교에서 매점을 운영하던 시기, 학생들의 모습을 살펴본 어른들은 한 가지 사실을 깨달았습니다. 가정형편이 어렵거나 용돈을 받지 못하는 아이들은 매점에 가서 원하는 것을 살 자유를 누리지 못하고 있다는 것이었지요. 아이들이 기본적인 소비 권리를 누리지 못한다는 사실에 마음이 아팠던 어른들은 힘을 모아 전교생에게 월요일마다 일정하게 사용 가능한 공짜 쿠폰을 주기로 결정했습니다. 그리고 이 제도에 '어린이 기본소득'이라는 이름을 붙였지요.

'용돈'이 아니라 '기본소득'이라는 이름이 붙은 이유가 뭘까요? 용돈은 대개 어른이 아이에게 주는 돈이라는 의미를 담습니다. 그러나 기본소득은 아무 조건 없이 모두가 당연히 누릴 수 있는 소득이라는 의미에 좀 더 가깝지요. 아이들이 당당한 마음으로 당연한 권리를 누릴 수 있도록 이런 이름을 붙인 것입니다. 이 학교 학생 중 78퍼센트의 아이들이 실제로 '기본소득제도를 실시하면서 사고 싶은 것을 스스로 결정할 수 있다는 점에서 좋다'는 설문조사 문항에 체크했습니다.

비교적 소규모 학교에서 실시한 제도지만 흥미롭게 바라볼 만한 사례입니다. 만약 매점에서 쓸 수 있는 기본소득이 나에게 매주 주어진다면 어떨까요? 누군가의 권위에 기대거나 아르바이트를 통해 돈을 벌지 않고도 원하는 걸 마음대로 살 수 있는 자유와 기회의 폭이 넓어질 것입니다.

조금 더 범위를 넓혀 생각해 볼까요? 전국 모든 학교에서 전교생에게 공짜 매점 쿠폰을 주는 상황도 상상해 볼 수 있습니다. 사고의 범위를 더 키워 보는 것도 좋겠습니다. 모든 국민에게 아무런 조건 없이 매달 일정한 현금이 주어진다면 어떤 일이 벌어질까요? 그 돈을 통해 우리의 삶은 어떻게 달라질까요? 판타지 영화에나 나올 법한 상상으로 느껴지지만, '공짜 월급'에 대한 생각은 우리나라뿐 아니라 전 세계에서 뜨거운 화두로 떠오르고 있습니다.

아무 조건 없이 모두에게 주어지는 소득

기본소득은 한마디로 '국가에 속한 개인에게 조건 없이 정기적인 현금으로 주어지는 기본적인 소득'을 말합니다. 지금까지 국가가 개인의 삶의 질을 돕는 방식과 완전히 다른 개념이지요. 대표적인 복지제도 중 하나인 기초생활보장제도와 비교해 보면 쉽게 알 수 있습니다. 기초생활보장제도는 가난한 이들의 인간다운 생활을 보장하기 위해 '소득이 일정한 기준보다 낮은 이들에게 현금이나 현물(現物)을 지원해 주는 제도'입니다. 즉, 경제적으로 형편이 이려운 이들을 정부에서 먼저 선별해야 실시할 수 있습니다. 지원해 주는 기준도 '개인'이 아닌 '가구'를 중심으로 이루어져 있지요.

자세히 살펴보면 기본소득은 기초생활보장제도와 완전히 다른 방향의 제도입니다. 학생들의 매점 이용 이야기를 예로 들어 볼까요? 매점이용지원제도를 운영하는 두 학교가 있다고 상상해 봅시다.

<table>
<tr><td>

A학교

• 한 학급을 기준으로 한다.
• 집에서 받는 용돈 액수가 적은 학급을 뽑아 음식만 구매할 수 있는 매점 쿠폰을 일회성 행사로 나눠 준다.

</td><td>

B학교

• 개인을 기준으로 한다.
• 누구에게나 매점에서 이용할 수 있는 현금을 정기적으로 나눠 준다.

</td></tr>
</table>

두 학교 모두 학생들에게 파격적인 지원을 해 주지만 미묘한 차이가 있습니다. A학교의 경우 '학급 전체의 용돈 액수'가 적어야 학교의 지원을 받을 수 있습니다. 아이들은 자신의 용돈이 적거나 거의 없다는 사실을 증명하는 서류를 제출해야 하지요. '용돈이 적은 아이'라는 낙인이 찍히고 돈이 없음을 증명하는 게 싫어 관련 서류를 제출하지 않는 학생이 생길 가능성도 있습니다. 뿐만 아니라 학교 측에서는 증명 서류를 검토하고 지원 학급을 선정하는 과정에 시

간과 비용을 들여야 합니다. 이 과정에서 용돈 총합이 많지 않지만 간발의 차이로 지원 대상에서 탈락하는 학급도 생길 수 있지요.

반면 B학교는 모든 학생에게 조건 없이 매점을 이용할 수 있는 돈을 주기 때문에 선별 과정에 들어가는 비용도 시간도 필요하지 않습니다. 뿐만 아니라 넉넉하지 않은 집안 사정을 학교에 증명할 필요가 없습니다.

국가에서 제공하는 기본소득은 B학교의 매점이용지원제도와 비슷합니다. 형편이 어려운 이들이 가난을 증명하지 않아도 되고, 경제적으로 지원을 받지 못하는 사각지대에 있는 사람이 생기지 않습니다. 우리나라 기초생활보장제도의 경우 A학교에서 본 것과 같이 일을 해서 돈을 더 벌면 국가의 도움을 받지 못하는 경우도 생깁니다. 기본소득은 이런 이유로 기준을 두지 않고 조건 없이 국민 모두에게 공평하게 같은 금액을 지원해 주는 방향을 택합니다.

지원 방식에서도 기본소득에는 특이한 점이 있습니다. 다시 학교의 예로 설명해 볼까요? A학교의 경우, 학급 전체를 대상으로 지원해 주기 때문에 학급에서 힘이 센 아이가 매점 쿠폰을 독점하거나 자신이 싫어하는 아이에게 쿠폰을 주지 않을 가능성이 있습니다. 반면 B학교의 경우, 모든 아이들이 똑같은 돈을 공평하게 나누어 받기 때문에 힘이 센 아이가 영향력을 행사할 수 없겠지요.

기본소득이 '개인'을 기준으로 지원을 해 주는 이유도 이런 맥락에 있습니다. 가구를 기준으로 국가의 지원이 이루어지면 가정 내에서 힘이 센 성인이 지원 금액이나 쿠폰, 현물을 독차지하거나 권력을 휘두르는 데 이용할 수 있습니다. 하지만 가구가 아닌 개인을 단위로 돈을 준다면 가정 내 권력과 상관없이 자유롭게 사용할 수 있습니다. 더불어 가정에서 폭력을 당하거나 힘든 일이 있어도 경제적 형편 때문에 독립하지 못하던 이들이 자신의 목소리를 내고 자립할 수 있는 기반을 마련할 수 있지요.

지원 방식이 '현금'이라는 것도 획기적입니다. A학교처럼 특정 물건이나 쿠폰, 교환권으로 지원하면 자신이 원하는 것을 마음대로 선택할 자유가 줄어듭니다. 반면 B학교처럼 현금을 직접 나누어 주면 학생은 각자 자신이 원하는 학용품이나 음식, 준비물 등을 선택할 자유가 늘어납니다. 원하는 것을 소비할 수 있는 선택지가 한층 더 넓어지는 셈입니다. 기본소득도 마찬가지입니다. 의식주를 위한 물품이나 식재료뿐 아니라 개인이 원하는 분야 어디에든 돈을 쓸 수 있어 선택의 자유를 보장해 준다는 장점이 있습니다.

더불어 기본소득은 B학교처럼 정기적으로 지급된다는 특징도 가지고 있습니다. 일회성 행사로 돈을 나눠 주는 것이 아니라 매달 한 번, 매년 한 번 등 기간을 정해 두고 국가가 돈을 지급합니다. 긴급한 상황에서 한두 번 지급되는 경우와 달리 일정 기간마다 주어지기 때문에 이를 받는 사람들이 돈을 구체적으로 어떤 부분에 쓸지

〈보편적 기본소득의 5가지 요건〉

조건	내용
보편성	선택과 배제 없이 모두에게 지급한다.
무조건성	자산 조사 결과나 근로 의사에 관계없이 지급한다.
개별성	가구 단위가 아닌 개인에게 지급한다.
정기성	일회성이 아닌 정기적으로 지급한다.
현금성	쿠폰이나 현물이 아닌 현금으로 지급한다.

준비하고 계획하기 쉽습니다.

지금까지의 이야기를 읽으면 머릿속에 궁금증이 솟아납니다. 아무리 장점이 많다 해도 비현실적이고 허무맹랑한 제도처럼 느껴지기도 하니까요. 지금껏 우리가 접해 왔던 복지제도와는 완전히 다른 낯선 개념이기 때문이지요. 그러나 역사를 거슬러 올라가 보면 기본소득제도는 최근 들어 갑자기 튀어나온 이야기는 아닙니다. 오래전부터 많은 학자와 정치인들이 언급해 왔고, 생각보다 많은 나라에서 실험을 거쳐 온 제도입니다.

장발장을 처음부터 도둑으로 만들지 않았다면

『레미제라블』은 프랑스의 대문호 빅토르 위고의 유명한 소설입니다. 주인공 장발장은 심각한 가난과 배고픔 속에서 굶주리는 조카들을 위해 빵 한 조각을 훔쳐 징역 5년을 선고받고 감옥에 갇힙니다. 하지만 조카들이 걱정돼 탈옥을 시도하다가 결국 19년이나 징역을 살게 된 불행한 인물이지요.

감옥에서 출소한 후 전과자라고 박해받으며 떠돌던 장발장은 성직자 미리엘 주교의 따뜻한 도움을 받습니다. 그럼에도 미리엘 주교의 은식기를 훔치려다 발각되지만, 주교는 그에게 은식기는 물론 은촛대까지 선물로 줍니다. 주교의 사랑과 배려에 감동받은 장발장은 새로운 사람으로 살아가기로 결심하고, 이후 선행을 베풀며 살아갑니다.

소설 속에서 장발장을 회개하게 만든 건 미리엘 주교의 따뜻한 마음이었습니다. 하지만 이야기의 시작점으로 돌아가, 애초에 장발장이 19년이나 감옥에 갇히지 않도록 할 방법은 없었던 걸까요? 처음부터 불행한 감옥살이를 막을 방법이 있었다면 좋지 않았을까요?

이러한 질문은 오늘날에도 의미가 있습니다. 우리가 사는 21세기에도 장발장처럼 가난 때문에 생계형 범죄를 저지르는 사람들이 존재하기 때문입니다. 배가 고파 식료품이나 푼돈을 훔치는 사람들의 이야기를 종종 뉴스에서 들을 수 있지요. 우리나라에서도 코로나19 이후 생계형 범죄의 비율이 크게 늘어난 것으로 나타났습니다. 식당에서 밥을 먹고 말없이 도망가거나, 마트에서 몇만 원 정도의 과자와 샴푸, 마스크를 훔쳐 달아난 사람도 있었습니다. 일주일을 굶어 구운 계란 18개를 훔치다 들키거나 배추밭에서 배추를 훔친 생계형 도둑 이야기도 전해졌지요. 경제적 어려움과 배고픔 때문에 범죄를 저지르는 '장발장'은 여전히 우리 사회에 존재합니다.

가난 때문에 도둑질하는 이들을 줄일 방법이 있을까요? 16세기에 이 질문에 흥미로운 대답을 내놓은 인물이 있습니다. '르네상스 시기의 인문주의자'라고 불리며 역사 교과서에 자주 등장하는 토머스 모어입니다. 영국의 법률가이자 정치가였던 그는 1516년 『유토피아』라는 책을 출간했습니다. 유토피아는 원래 그리스어 'Ou(없다)'와 'Topos(장소)'를 합친 말로, '어디에도 없는 장소'라는 뜻을 지니고 있습니다. 모어는 빈부격차가 심해지고 정치적 혼란이 계속되던 당시의 현실을 풍자하며 인류가 도달해야 할 이상적인 세계에 대해 이야기하기 위해 작품에 유토피아라는 말을 넣었지요.

소설 속에서 사람들은 '도둑을 줄이는 방법'에 관한 토의를 합니다. 그들은 교수형을 엄격하게 시행하는데도 도둑이 줄어들지 않는 이유에 대해 의문을 가지지요. 그때 라파엘이라는 포르투갈의 여행자가 이렇게 답합니다.

도둑들에 대처하는 방법은 정당하지도 않고 바람직하지도 않습니다. 처벌이라고 하기엔 너무 가혹하고 억제책으로도 너무 비효율적입니다. 가벼운 절도죄가 죽음이란 형벌을 받을 만큼 나쁜 것은 아니니까요. (…중략…) 끔찍한 처벌을 가하는 대신에, 모든 사람에게 약간의 생계 수단을 제공하는 것이 훨씬 더 적절합니다.

모어는 소설 속 등장인물의 입을 빌려 "국가가 모든 이들에게 최소한의 기본적인 생활을 누릴 수 있도록 조건 없이 식량을 나눠 주어야 한다"고 말합니다. 여기에서부터 기본소득의 개념이 처음 시작되었습니다.

이후 수많은 학자와 정치인이 기본소득에 대한 생각을 언급해 왔습니다. 그중에서도 1795년 미국을 건국하는 데 중요한 역할을 했던 정치철학자 토머스 페인은 획기적인 아이디어를 내놓기도 했습니다. 페인은 『토지 분배의 정의(Agrarian Justice)』라는 저서에서 땅을 가진 사람들에게서 세금을 걷어 미국의 모든 국민에게 일정 금액의 돈을 주자는 주장을 펼쳤습니다. 특히 그가 이러한 주장을 펼친 이유가 흥미롭습니다. 페인은 국가가 국민을 돕는다는 의미로 이러한 이야기를 꺼낸 것이 아니라, 국민이 당연히 누려야 할 권리의 하나로 돈을 나누어 주어야 한다고 생각했지요.

그에 따르면 토지, 공기, 물 등은 누가 인위적으로 만들어 낸 것이 아닙니다. 자연으로부터 주어진 것이지요. 다시 말해 자연환경은 개인이 아니라 공공이 소유한 재산, 즉 공유부(公有富)로 볼 수 있습

기본소득 개념을 처음 제시한 토머스 모어(좌)와 『유토피아』 표지(우)

니다. 그런데 토지의 경우 몇몇 사람들이 단독 사용하며 이득을 얻는 게 부당한 일이니, 토지 사용으로 생기는 이득을 거두어 모든 사람에게 나누어 주자고 주장한 것입니다.

당시 페인의 주장에 많은 사람들이 반대했습니다. 토지가 '개인 소유가 아니라 사회 구성원 모두의 것'이라는 생각이 파격적이었기 때문입니다. 그러나 그의 생각은 이후 기본소득을 주장하는 이들에게 큰 영향을 미쳤습니다.

세부적인 내용에는 차이가 있지만 동양에서도 비슷한 맥락의 이야기를 꺼낸 사상가가 있습니다. 맹자는 중국 전국시대의 대표적인 유교 사상가입니다. 유교의 대가인 공자의 사상을 이어받은 맹자는 나라를 행복하게 이끌어 가기 위해서는 백성늘의 경제적 안정이 중요하다고 이야기한 바 있습니다.

그에 따르면 일정한 수입이 없을 경우 백성들은 방탕하고 괴팍하고 과격해지고, 도덕적인 마음을 잃기 쉽습니다. 이 도덕적인 마음은 최소한의 인간다운 삶을 누릴 수 있는 수입으로부터 나온다는 이야기도 덧붙였지요. 최소한의 수입이 없으면 사람은 짐승과 비슷해져 죄를 저지르기 쉽기에 국가가 백성들이 일정한 삶을 누릴 수 있도록 수입을 주어야 하는데, 이를 '항상 지속할 수 있는 수입'이라는 의미로 항산(恒産)이라 불렀습니다. 항산은 기본소득과 비슷한 맥락의 개념이라고 볼 수 있지요.

흑인 인권 운동가의 꿈

"나에게는 꿈이 있습니다."

미국의 인권 운동가인 마틴 루터 킹 목사의 유명한 연설 중 한마디입니다. 그가 살던 당시 미국의 흑인들은 여러 분야에서 차별을 받고 있었습니다. 투표나 학교 교육에도 참여하기 어려웠고, 심지어 버스에서 백인과 같은 자리에 앉는 것조차 허락받지 못했습니다. 마틴 루터 킹 목사는 이러한 상황에 비폭력으로 맞서며 흑인들

미국의 흑인 인권 운동가 마틴 루터 킹

의 인권을 향상시키는 데 한평생을 바쳤지요.

인권 운동을 하면서 그는 자연스럽게 가난한 이들의 삶을 접하게 되었습니다. 그리고 말년에는 국민들의 가난을 퇴치하기 위한 사회 운동에 관심을 가졌지요. 그는 당시 미국의 상황에 빗대어 가난을 퇴치하는 방법에 대해 다음과 같이 말했습니다.

"베트남 전쟁을 치르는 데, 사람을 달로 보내는 데 엄청난 돈을 쓰는 나라라면 하느님의 자녀가 이 땅에 제 발로 서는 데 필요한 돈도 충분히 내놓을 수 있다."

그는 국가가 국민에게 최소 소득을 보장해 주어야 한다고 주장했습니다. 오늘날의 기본소득과 비슷한 개념을 이야기한 셈입니다. 1968년 4월에는 백인과 흑인 가리지 않고 가난한 이들이 미국의 수도 워싱턴에 모이는 '가난한 사람들의 행진'이라는 시위를 계획하기도 했습니다. 마틴 루터 킹 목사는 이러한 계획을 세운 지 얼마 되지 않아 백인 보수주의자의 총에 암살당했지만, 그가 이야기한 기본소득의 아이디어는 살아남았습니다. 이후 미국은 기본소득을 위한 여러 가지 실험을 실시하기도 했지요. 인종 차별이 없는 세상뿐 아니라 빈곤이 해결되는 세상까지 그렸던 그의 꿈은 사라지지 않은 것입니다.

살펴보았듯 기본소득은 많은 동서양의 사상가와 사회 운동가에 의해 오랫동안 논의가 이루어져 온 주제입니다. 특히 최근에는 정치권에서 폭넓게 화제가 되고 있지요. 전 세계적으로 사람들이 관심을 가지고 실현 가능성을 궁금해하는 제도이기도 합니다. 어째서 지금 기본소득 이야기가 화제의 중심으로 떠오르게 된 것일까요?

인생에 적자가 찾아오면
어떻게 할까?

최근 몇 년간 '욜로(YOLO)'라는 말이 유행했습니다. 'You Only Live Once'의 줄임말로 인생은 한 번뿐이니 지금 이 순간을 즐기라는 의미이지요. 이를 따르는 욜로족은 지금, 현재의 삶의 질을 높이는 데 관심을 갖습니다. 여행을 떠나거나 취미에 돈을 쓰고, 오늘의 즐거움을 위한 물건을 사는 데 아낌없이 돈을 쓰는 사람들도 있습니다.

미래를 위해 현재를 희생하지 말자는 욜로족의 이야기는 주목할 만합니다. 내일을 위해 오늘을 희생하다 뒤늦게 후회하는 사람도 많으니까요. 그렇지만 사람들이 미래에 대비해 저축을 하는 데에도 분명한 이유가 있습니다. 그 이유를 구체적으로 설명한 경제학자가 있습니다. 1950년대 경제학자 프랑코 모딜리아니입니다.

모딜리아니는 일반적인 사람들의 생애에서 이루어지는 소득과 소비 패턴을 경제 모형으로 풀어 냈습니다. 이를 생애주기 가설이라고 합니다. 생애주기 가설에 따르면 사람들의 소득과 소비 수준은 연령대에 따라 계속 변합니다. 다음 그래프를 보면 그 변화를 대략적으로 예측해 볼 수 있지요.

대개 유년기와 청소년기에는 수입 없이 부모의 도움에 의존하는 경우가 많습니다. 그리고 성인이 된 이후부터 장년기까지 돈을 벌게 됩니다. 그 이전과 이후에는 너무 어리거나 나이가 많아 일을 함으로써 수입을 만드는 것이 어려우므로 자연스럽게 적자 구간이 만들어지죠. 청년기부터 소득이 생기지만 아직 벌어들이는 소득이 적은 편이고, 청년기를 지나면서 소비보다 소득이 많아집니다. 장년기 때에는 수입이 가장 많지만 자녀를 기르거나 교육해야 해서 소비도 늘어납니다. 특

〈생애주기별 소득과 소비〉

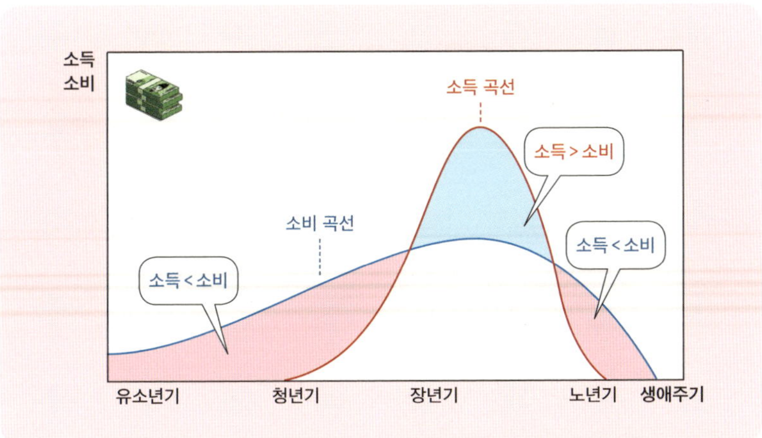

히 60대 이후부터는 퇴직으로 인해 소득보다 소비가 많아집니다. 이때부터는 지금까지 쌓아 놓은 돈으로 생활해야 하지요.

사람들이 소득을 얻을 수 있는 기간은 한정되어 있습니다. 평생 경제적으로 안정된 생활을 누리기 위해서는 전 생애주기를 고려해 지출해야 한다는 것이 생애주기 가설의 내용입니다.

생애주기 가설을 살펴보면 인생에는 적자 구간이 생각보다 길다는 사실을 알게 됩니다. 특히 의학 기술의 발달로 평균 수명이 길어진 고령화 시대에는 이러한 적자 구간이 더욱 길어질 가능성이 큽니다. 이런 상황에서 개인이 적자 구간을 모두 메울 만큼 수입을 모아 두기가 어렵습니다. 따라서 국가의 도움이 필요하며, 이를 위해 개인에게 일정하게 주어지는 기본소득이 필요하다는 이야기가 나오기도 합니다.

뭐든지 다 있지만 사람이 사라지는 곳

저렴한 값에 다양한 물건을 파는 생활용품 할인점. 웬만한 물건은 모두 다 살 수 있다는 이곳에서 점점 사라지고 있는 존재가 있습니다. 바로 사람입니다. 불과 3~4년 전만 해도 서너 명의 직원이 계산대에 서서 상품 바코드를 찍고 계산해 주는 모습은 당연한 풍경이었습니다. 그런데 언제부터인가 그 자리를 무인 계산대가 대신하고 있지요. 고객이 직접 무인 계산대에 가서 바코드를 찍고 물건 값을 계산하는 모습은 이제 흔한 일상이 되었습니다.

무인(無人), 즉 사람이 존재하지 않는 풍경은 사회 곳곳에 나타나고 있습니다. 무인으로 운영되는 편의점과 마트, 아이스크림 할인점, 키오스크가 자리 잡은 극장과 패스트푸드점, 셀프 주유소는 어디서든 볼 수 있습니다.

지금은 주로 손님을 응대하는 분야에서 일어나고 있는 현상이지만, 기계가 사람을 대신하는 분야는 점차 늘어날 전망입니다. 우리가 생활하며 마주하는 모든 풍경에 사람 대신 인공지능(AI) 로봇이나 무인 기계가 자리한 모습을 상상해 봐도 좋습니다. 사람 없이 움직이는 택시, 사서 선생님 대신 대출 기계만 자리 잡은 도서관, 인공지능이 심판을 보는 스포츠 경기장, 무인 기계를 통해 출입국 수속을 하는 공항 등을 떠올릴 수 있죠.

각종 직업 분야도 마찬가지입니다. 법률과 판례를 외워야 사건을 변론할 수 있는 변호사는 더 많은 양이 지시을 안기하는 로봇으로 대체될 수 있고, 정교한 수술이 필요한 외과의사 역시 로봇 팔이 ㄱ

마트의 셀프 계산대(좌)와 구글의 무인 자율주행차(우)

일을 대신할 수 있지요.

최근에는 AI 화가, 모델은 물론 작가까지 등장했습니다. 어떻게 이런 일이 가능할까요? 예를 들어, AI에게 기존 소설에 나오는 문장 수백만 개를 입력해 학습하도록 합니다. 특히 로맨스 소설이나 무협지처럼 이야기 방식이 어느 정도 정해져 있는 소설의 경우 자주 쓰이는 이야기 방식을 익히기 쉽겠지요. 그렇게 해서 AI 작가는 인간의 창작 방식을 알고리즘으로 만들어 새로운 소설을 지어낼 수 있습니다.

2016년 이세돌 9단과 인공지능 알파고의 바둑 대결을 지켜보며 우리는 인공지능의 능력에 놀라워했습니다. 그 이후로도 AI 기술은 더욱 새롭게 발전하고 있지요. 사람들은 점점 인공지능과 기계에 익숙해지고 있습니다. 이러한 변화는 또다시 세상을 어떻게 변화시킬까요? 미래를 예측하며 답해 볼 수도 있겠지만, 과거의 역사를 훑어보며 질문의 답을 찾아볼 수도 있습니다.

세상을 바꾼 산업혁명의 물결

1776년 3월 영국의 한 탄광에서는 시끄러운 소리를 내며 기계에 시동이 걸렸습니다. 사람들의 환호성이 이어졌지요. 제임스 와트라

세상을 바꾼 제임스 와트의 증기기관

는 공학자가 만든 이 기계의 작동 원리는 비교적 간단했습니다. 연료를 태워 실린더 속 물을 끓이면 증기가 모인 후 압축되고, 이 압축된 증기의 힘으로 기계가 저절로 움직였지요. 증기기관이라는 발명품이었습니다. 1712년에 토머스 뉴커먼이 발명한 물건을 와트가 실제로 산업 현장에서 쓸 수 있게 개량한 것이었습니다. 이때 탄생한 증기기관은 세상의 모습을 새롭게 바꾸었습니다.

당시 영국에서는 목화에서 실을 뽑아내 만든 섬유인 면직물이 큰 인기를 끌고 있었습니다. 1733년 존 케이가 '나는 북(Flying Shuttle)'이라는 방직기(실로 면을 짜는 기계)를 만들어 예전보다 쉽게 커다란 면직물을 만들 수 있었지요. 더불어 한 번에 여러 가닥의 실을 뽑아

내는 방적기도 발명되었습니다.

　방적 기술과 방직 기술이 한창 발전하고 있던 때에 와트는 증기기관이라는 기계를 쉽게 쓸 수 있는 형태로 세상에 내놓은 것입니다. 증기기관을 방적기와 방직기에 달아 놓으니 사람의 힘을 들이지 않고도 자동으로 면직물을 대량 생산할 수 있었습니다. 그 전까지는 수력(水力)으로 방적기를 움직였는데, 면화 45킬로그램을 실로 만들기 위해서는 약 2000시간이라는 어마어마한 시간이 필요했습니다. 그런데 증기기관을 이용하니 똑같은 양의 실을 만드는 데 고작 300시간밖에 걸리지 않았습니다. 순식간에 생산성이 160배 이상 향상되었지요.

　증기기관의 발명은 면직물 산업뿐 아니라 다양한 분야에 영향을 끼쳤습니다. 증기기관을 배에 부착하여 증기선이 발명되었고, 육상에서는 증기기관차가 운행을 시작했습니다. 덕분에 원료와 상품을 대량으로 빠르게 옮기는 일이 가능해졌지요. 기계를 만드는 공업, 제철업, 석탄 산업 등도 함께 발전했습니다. 예전과 달리 농업이 아니라 공장제 기계공업이 주도하는 모양새가 되었습니다. 기술 발달 및 산업 발전과 함께 전반적인 사회 모습도 바뀌었지요. 이렇게 18세기 중반에서 19세기 초까지 기술 발달에 따라 사회가 변화한 사건을 산업혁명(Industrial Revolution)이라 부릅니다. 이후로도 기술과 산업의 변화가 몇 차례에 걸쳐 급격하게 나타났는데, 그 순서에 따라 숫자를 붙여 제2차, 3차 산업혁명이라고 이름 붙이기도 합니다. 산업혁명은 과학 기술의 발달뿐 아니라 인류의 삶을 전체적으로 바꾼다는 면에서 역사적으로 중요한 변화라 볼 수 있습니다.

4차 산업혁명은 세상을 어떻게 바꿀까?

- 미국에서 최초의 로봇 약사가 출현한다.
- 안경의 10퍼센트가 인터넷에 연결된다.
- 소비재 중에서 5퍼센트가 3D 프린터로 제조된다.
- 인체 삽입형 휴대전화가 등장한다.
- 3D 프린터로 만든 간(肝)이 최초로 이식된다.

공상과학 영화 속 이야기가 아닙니다. 전문가를 대상으로 열린 세계경제포럼에서 4차 산업혁명이 사회를 어떻게 변화시킬지 예측한 결과입니다. 이 같은 변화가 나타날 것이라 예측한 시기는 2025년이었습니다. 먼 미래의 이야기가 아니지요.

18세기 영국을 비롯해 유럽 각국에서 산업혁명에 따른 새 시대의 변화를 맞았듯, 21세기에 사는 우리도 변화의 시대를 살고 있습니다. 인공지능과 사물인터넷, 빅데이터 등 컴퓨터와 인터넷, 디지털 기술의 발달로 생산 방식에도 큰 변화가 나타날 것으로 보고 있지요. 사람이 아닌 인공지능이나 사물이 인터넷으로 연결되고 학습 능력을 갖춥니다.

예를 들어 볼까요? 외출을 하고 나서 집에 에어컨이나 실내등을 켜 두고 나온 것 같아 초조했던 기억이 있나요? 이제는 걱정할 필요 없이 스마트폰 하나로 집 안 상태를 확인할 수 있게 되었습니다. '사람이 외출하면 에어컨이나 실내등을 끈다'는 설정을 미리 해 놓을 수도 있지요. 에어컨, 실내등처럼 눈에 보이는 사물 사이에 인터넷을 연결해 놓는 사물인터넷 기술이 발달했기에 가능한 일입니다.

사람 대신 인공지능이 운전하는 자율주행차 기술도 점차 발전하고 있습니다. 2020년 12월, 아마존이 경영하는 회사 죽스(Zoox)는 자율주행차 기술과 택시 서비스를 결합한 완전 자율주행 로보택시를 세계 최초로 선보였습니다. 구글의 웨이모(Waymo)는 미국 애리조나주에서 운전자 없이 움직이는 완전 자율주행 택시를 정식으로 운행합니다.

한 글로벌 컨설팅 회사의 예측에 따르면 인공지능으로 인해 벌어지는 경제 변화는 18세기에 벌어진 산업혁명보다 속도가 10배, 그 충격은 300배에서 최대 3000배에 달할 수 있다고 합니다. 가장 큰 충격은 사람 없이도 다양한 상품이나 서비스를 생산할 수 있는 단계, 무인화에서 비롯될 거라고 많은 이들이 예측합니다. 로봇이 인공지능과 결합하면서 사람만큼 똑똑해지고 있기 때문입니다. 산업용 로봇은 공장에서 자동차나 기계를 만들고, 사람의 모습과 비슷한 휴머노이드 로봇이 호텔에서 손님을 맞거나 백화점에서 상품 판매를 할 수 있게 될 것입니다. 빅데이터를 바탕으로 자산관리 서비스를 만들면, 자산관리사 대신 인공지능이 고객의 자산을 효과적으로 관리하거나 새로운 투자 방안을 알려 줄 수 있지요. 단순하거나 반복적인 일, 계산이 필요한 일이나 정교한 일을 하는 데 있어 인공지능이 인간보다 뛰어날 가능성이 높습니다. 이런 분야에서는 점점 사람이 사라질 가능성도 높아지지요.

귀찮고 반복적인 일에서 인간이 해방될 절호의 기회일까요? 긍정적인 미래만 꿈꾸기는 어렵습니다. 앞서 살펴본 산업혁명을 생각해 보면 잘 알 수 있습니다. 당시 기계의 발명으로 공장 밖으로 내쫓긴 노동자들이 있었습니다. 주로 숙련된 기술을 가지고 있어 안정된 수입을 벌며 면직물을 만들던 이들이었지요. 증기기관과 기계의 발달로 일자리를 잃자 그들은 낮은 임금으로 단순 노동을 하는 신세가 되었습니다. 산업혁명은 인류에게 풍요를 가져다준 역사적 사건이지만 누군가는 이로 인해 불행한 상황을 맞이한 셈이지요.

4차 산업혁명으로 다가올 미래는 다를까요? 기술의 발달은 동전의 양면처럼 그림자를 가져올 수 있습니다. 특히 우리의 일자리 문제는 심각한 상황을 불러올 수 있습니다.

내가 꿈꾸던 직업이 없어진다고?

2016년 다보스 세계경제포럼에서 놀라운 예측이 등장했습니다. 4차 산업혁명으로 첨단 기술이 발전하면서 5년 안에 15개국에서 716만 개의 일자리가 사라질 것이라는 내용이었지요. 뿐만 아니라 전 세계 7세 어린이의 65퍼센트가 지금은 존재하지 않는 새로운 직업을 가지게 될 것이라는 이야기도 나왔습니다.

수많은 일자리 중에서도 사라질 위험이 높은 몇 가지 직업이 있습니다. 인공지능이나 로봇이 대신하기 쉬운 텔레마케터나 마트 직원 등의 서비스업이 위험에 처한 것으로 나타났습니다. 뿐만 아니라 세무 대리인, 보험 조정인 등 반복적인 업무나 계산을 하는 사무직도 사라질 직업으로 꼽혔지요. 물론 모든 직업이 위험한 건

〈인공지능으로 위험에 처한 직업〉

직업	소멸 확률
텔레마케터	0.99
시계수선공	
스포츠심판	0.98
모델	
상점계산원	0.97
전화교환원	
자동차 엔지니어	0.96
카지노 딜러	
레스토랑 요리사	
회계 · 감사	0.94
웨이터 · 웨이트리스	
주차요원	
소매업자	0.92
보험판매원	
이발사	0.90
제빵원	0.89
버스 · 택시기사	
부동산중개사	0.86
선원 · 항해사	0.83
타이피스트	0.81
목수	0.72
도서관 사서	0.65
시장조사 전문가	0.61

※ 1에 가까울수록 일자리가 소멸될 위험이 높음
(자료 : 프레의 교수 외 '고용의 미래')

아닙니다. 컴퓨터를 다루는 기술자나 엔지니어, 패션디자이너 등 예술계 종사자나 첨단 기술을 다루는 직업은 쉽게 없어지지 않고 오히려 유망할 거라는 예측이 있습니다.

경제학에서는 기준에 따라 실업을 여러 종류로 나눕니다. 그중 구조적 실업이란 것이 있습니다. 산업 구조가 변하면서 이른바 '지는 산업'과 관련된 일을 하던 사람이 일자리를 잃는 경우를 말합니다. 18세기 산업혁명 당시 기계의 발달로 일자리를 잃었던 숙련 노동자의 경우도 구조적 실업에 해당합니다. 우리나라에서 1990년대 들어 석탄 대신 석유를 연료로 사용하면서 탄광이 폐쇄되고 광부들이 대거 일자리를 잃은 적이 있었는데, 이 역시 구조적 실업이라 볼 수 있지요.

4차 산업혁명은 대량의 구조적 실업을 가져올 것으로 예측됩니다. 상상하는 것보다 더 많은 분야에서 일자리가 사라질 수 있습니다. 가령 자율주행차가 일상적으로 전국을 누빌 수 있게 된다고 상상해 보세요. 버스나 택시 회사는 인건비를 줄이기 위해 기사들을 해고하고 자율주행차로 회사를 운영할 가능성이 높습니다. 뿐만 아니라 집집마다 굳이 자동차를 한두 대씩 가지고 있을 필요도 줄어듭니다. 차를 쓰지 않을 때마다 종일 주차장에 놓아두지 않아도 저절로 움직이는 자동차 한 대를 여러 명이 공유하면 되지요. 자동차 공유가 가능해지면 자동차를 만드는 산업에도 충격이 갈 가능성이

높습니다. 자동차 회사에서 일하는 사람들의 일자리도 점점 줄어들겠지요. 더구나 자동차 공장에서는 이미 사람이 로봇으로 대체되는 경향이 나타나고 있습니다. 이처럼 구조적 실업은 단순히 한 분야에 그치는 게 아니라 톱니바퀴처럼 맞물려 전 분야에 고르게 나타날 가능성이 큽니다.

새로운 실업의 시대, 무엇이 문제일까?

구조적 실업에 처한 사람은 어떻게 새 직장을 찾을 수 있을까요?

교과서에는 간단한 해결책이 나옵니다. '실업에 처한 사람들이 새로운 직업을 찾도록 정보나 기술을 가르쳐 주기.' 그렇지만 현실에서는 그렇게 간단히 문제가 해결되기 어렵습니다. 왜일까요?

현재 사라지고 있는 일자리는 주로 특정 전문 기술이 필요한 직업보다는 사무직이나 제조업에서 일하는 직업이 많습니다. 반면에 새롭게 생길 일자리는 크게 두 가지로 나눌 수 있지요. 고도의 기술과 전문적인 지식을 바탕으로 인터넷이나 소프트웨어를 다루는 일이 그 첫 번째입니다. 버스를 운전하거나 사무직에서 일하던 이들이 빠른 시간 안에 고도의 IT 기술을 배워 엔지니어링을 하거나 소프트웨어를 다루는 건 사실상 어려운 일이지요.

4차 산업혁명으로 새롭게 생기는 또 다른 일자리는 서비스직이 많습니다. 아이나 노인을 돌보는 돌봄 노동, 육체 노동과 정신 노동을 수행할 서비스 노동직이 대부분이지요. 음식점에서 고객의 주문을 받으며 응대하는 감정 노동과 무거운 짐을 나르는 육체 노동을 로봇이 동시에 하기는 어렵습니다. 때문에 이런 서비스 직군은 인간이 할 수 있는 일로 남게 됩니다. 그런데 이런 직업은 수입이 많지 않고 세대도 대우받지 못할 가능성도 크지요. 구조적 실업으로 일자리를 잃은 이들이 새로 찾게 되는 일은 주로 이 분야에 해당할 가능성이 높습니다.

앞서 말한 바와 같이 4차 산업혁명으로 일자리를 잃게 될 사람들은 화이트칼라(White-collar) 계층으로, 어느 정도의 소득을 가지고 있던 이들입니다. 중산층을 이루던 사람도 많지요. 이들이 직업을 잃거나 대우가 나쁜 직업으로 옮겨 가면서 중산층이 무너질 위험성도 높아집니다.

중산층은 대부분 사회의 '허리'로 여겨지는 중요한 계층입니다. 상류층과 서민층 사이에서 양쪽의 갈등을 줄여 주는 쿠션 같은 역할을 하지요. 이러한 중산층이 무너지면 세상이 양극단의 사람들로 나뉠 수 있습니다. 소수의 부자와 다수의 가난한 이로 나뉘면 심각한 불평등 때문에 불만이 늘어나고, 사회 갈등도 심각해지기 때문입니다. 뿐만 아니라 많은 사람이 만족스럽지 못한 일자리에서 낮은 소득을 감수하며 살아가는 어두운 미래가 올 수도 있습니다.

일을 구하지 못하는 사람이 늘어나면 국가 경제도 어두워질 가능성이 높습니다. 이러한 상황 속에서 기본소득에 대한 이야기가 피어나고 있는 것이지요. 게다가 4차 산업혁명의 흐름에 더해 또 다른 변화 역시 감지되고 있습니다. 기술의 발달뿐 아니라 자본의 변화라는 새로운 물결이 다가오고 있습니다.

러다이트 운동,
그들이 기계를 부순 이유

한 무리의 사람들이 밤에 가면을 쓰고 공장을 습격합니다. 이들은 공장에 들어가 망치로 기계를 부수거나 불을 질렀습니다. 1811년 영국에서 일어난 '러다이트 운동(Luddite Movement)'의 모습입니다.

러다이트 운동은 산업혁명 당시 기계의 발달과 함께 일자리를 잃은 사람들이 결사해 벌인 집단행동을 말합니다. 그전까지 공장에서 수공업을 통해 숙련된 기술

산업혁명 당시의 러다이트 운동을 그린 삽화

을 발휘하며 돈을 벌던 노동자들은 기계의 발명으로 실직했습니다. 예전과 달리 기계를 움직여 생산하는 것은 특별한 기술이 많이 필요하지 않았으니까요. 자본가들은 좀 더 낮은 임금으로 부릴 수 있는 미성년자와 여성을 고용했습니다. 숙련 노동자 역시 낮은 임금을 감수하고 공장에서 일자리를 찾아야 했지요.

러다이트 운동은 흔히 실업에 화가 난 노동자들이 홧김에 벌인 집단행동 정도로 여겨지기도 하지만, 실상은 그와 다릅니다. 저임금과 가난에 시달리던 노동자들이 자신의 권리를 주장하며 단체로 벌인 노동 운동이라 볼 수 있지요. 당시 영국 정부는 '단결 금지법'이라는 것을 만들어 노동자가 조합을 조직하고 임금 협상이나 파업하는 행위를 막고 있었습니다. 이러한 시대에 노동자들이 힘을 합해 자본가들의 착취에 항의한 것이지요.

결국 자본가들은 노동자의 권리를 인정하게 되었습니다. 노동자들도 폭력만으로는 해결되는 것이 없다는 깨달음을 얻어 정치적 권리와 발언권을 얻어 권리를 주장하는 방향으로 노동권을 주장하기 시작했습니다. 러다이트 운동은 단순히 폭력적인 행위가 아니라, 노동자들이 자신의 권리를 적극적으로 주장하는 데 영향을 미친 중요한 사건인 셈입니다.

2장
새로운 자본주의
시대가 온다!
TALK

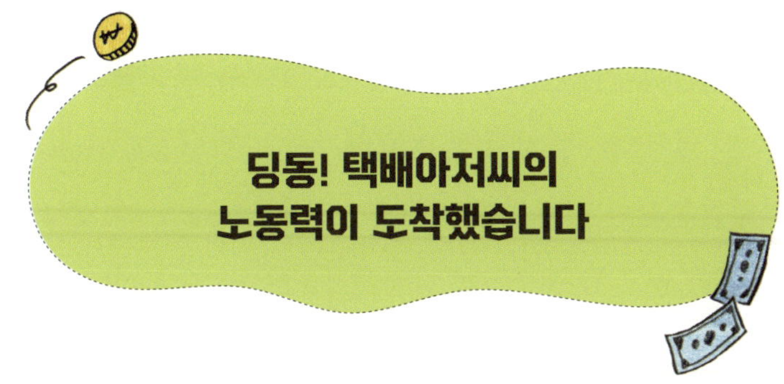

'빠른 배송' 세상에 사는 사람들

새벽 5시. 딩동, 휴대전화에 메시지가 옵니다.

'주문하신 상품을 문 앞에 안전하게 배달하였습니다.'

내가 주문한 식품이 배송 완료되었다는 내용입니다. 문을 열고 나가 보면 산타클로스의 선물처럼 택배 상자가 가지런히 놓여 있지요. 이제 우리는 마트나 시장에 가서 장을 보지 않고도 채소와 과일, 각종 식재료를 신선한 상태로 새벽에 배송받을 수 있는 시대에 살고 있습니다.

코로나19로 집 밖을 마음껏 돌아다니기 어려운 팬데믹 시기에 빠르고 편리한 배송의 시대가 열렸다는 건 소비자들에게 희소식이었습니다. 상품을 사면 다음 날 물건을 받는 일이 이제는 당연하게 여겨집니다. '배송 지연'이라는 네 글자에 실망하는 일도 생깁니다.

그런데 택배 상자를 보며 한 번쯤 생각해 볼 점이 있습니다. 문 앞에 가지런히 놓인 택배 상자는 기계가 자동으로 놓고 간 것이 아니라 '사람'이 놓고 간 것이라는 사실이지요. 우리 집 문 앞에 물건이 놓이기까지 누군가가 상품을 집어 들고 주문된 수량만큼 분류해 박스에 넣었을 겁니다. 누군가는 이 상품을 택배 집하소까지 옮겼겠지요. 상자를 집 앞까지 배달해 준 이의 손길도 숨겨져 있습니다.

특히 새벽에 배송하기 위해서는 누군가가 저녁부터 자정이 넘은 시간까지 물류센터에서 상품을 분류해 배분하고 운전과 배달을 도맡아야 합니다. 우리가 잠든 시간, 누군가는 새벽 배송을 위해 뛰어다니는 중이지요. 클릭 몇 번으로 상품을 주문하고 결제하는 데에는 1분도 걸리지 않을지 모르지만, 택배 관련 노동자가 일하는 시간은 짧지 않습니다.

총알처럼 빠른 배송의 그림자

2020년 10월, 한 택배기사가 자택에서 숨졌습니다. 원인은 과로였습니다. 36세의 건강했던 그는 매일같이 자신에게 배정된 400여

개에 달하는 택배 물량을 해결해야 했습니다. 지친 상태에서 직장 동료에게 "저 너무 힘들어요. ××번지 (물량) 안 받으면 안 될까요"라는 메시지를 보낸 뒤였습니다. 2020년만 해도 무려 16명의 택배 노동자가 과로사로 추정되는 죽음을 맞았습니다.

택배 노동자의 고된 노동을 보여 주는 조사 결과도 있습니다. 한 노동시민 단체가 택배 노동자를 대상으로 설문조사한 결과, 이들은 일주일에 평균 71.3시간을 일하는 것으로 나타났습니다. 법에서 정한 주 52시간보다 훨씬 길게 일하며 하루 평균 10시간 이상 고된 노동을 하는 셈이지요. 또 택배 노동자의 25.6퍼센트는 아예 식사를

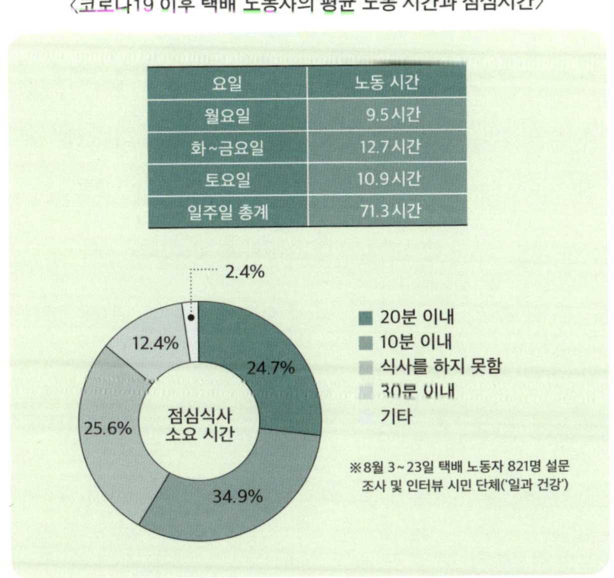

〈코로나19 이후 택배 노동자의 평균 노동 시간과 점심시간〉

요일	노동 시간
월요일	9.5시간
화~금요일	12.7시간
토요일	10.9시간
일주일 총계	71.3시간

하지 못하고, 밥을 먹어도 역시 평균 12분 내에 해결한다고 대답했습니다. 코로나19 이후 비대면으로 상품을 주문하는 사람이 늘어나고, 그들에게 맡겨진 택배 물량이 많아지면서 이런 상황은 더욱 심각해졌습니다.

밤에 일하는 이들의 근무 환경은 어떨까요? 우리나라에는 노동자의 근무 환경 및 권리에 대해 적어 놓은 근로기준법이 있습니다. 근로기준법에 의하면 야간 근로는 밤 10시에서 새벽 6시까지 일하는 것을 말하지요. 야간 근로를 하면 일반적인 근로보다 그에 따른 수당을 더 받고, 임산부나 18세 미만 미성년자의 경우 야간 근로를 제한하도록 법으로 정해져 있습니다(근로기준법 제70조).

왜 그럴까요? 대부분의 사람은 자연의 시간에 맞추어 아침에 일어나고 밤에 잠드는 생체 시계를 가지고 있습니다. 밤에 잠자지 못하고 노동을 하는 것은 생체 시계를 거스르는 일이라 볼 수 있지요. 세계 보건 기구(WHO) 아래의 국제 암 연구소에서는 야간 근로를 2급 발암 물질로 규정할 정도로 건강에 좋지 않습니다.

야간 근로의 부작용은 이미 널리 알려져 있습니다. 과로가 이어지는 상황 속에서 낮에 일하는 것보다 예기치 못한 사고가 일어날 가능성도 매우 높습니다. 야간 근로가 꼭 필요한 직업의 경우, 예를 들면 간호사, 경찰, 군인 등은 어느 정도 쉬는 시간을 보장해 주는 정확한 규정과 법의 보호가 필요합니다. 그렇지만 아직 우리나라의 근로기준법에는 야간 근무를 할 때 얼마나 쉬어야 할지 따로 정해져 있지 않습니다. 특히 택배 노동자는 야간 근무를 하며 식사를 제대로 할 권리, 쉴 권리까지 제대로 보장받지 못하는 경우가 많습니다. 야간 노동으로 위험해졌을 뿐만 아니라 휴식조차 쉽지 않은 상황이지요. 왜 이런 일이 벌어질까요?

열심히 일하는 리키의 삶은 왜 갈수록 팍팍해질까?

영국 영화 〈미안해요, 리키〉(2019)는 택배 노동자의 삶을 다룬 작품입니다. 비정규직과 일용직 노동자를 전전하던 주인공 리키는 택배 회사에서 기사로 일하기로 계약을 맺으며 기대감에 부풉니다. 택배 회사에서는 리키에게 '당신은 회사에 묶여 있는 노동자가 아니고, 임금 대신 택배 건당 수수료를 챙길 수 있으며 일한 만큼 정직하게 벌 수 있다'고 말했기 때문입니다. 덕분에 리키는 회사에 묶인 사람이 아니라 당당한 개인 사업자가 됩니다.

리키는 자유롭고 풍족한 삶을 누렸을까요? 밝은 미래를 꿈꾸던 순간이 무색하게 끊임없이 어려움이 닥칩니다. 먼저 리키는 택배기사 일을 하기 위해 택배 차량을 구입하는 목돈을 써야 했습니다. 사정상 하루라도 쉬는 날에는 대리기사 고용비까지 부담해야 했지요.

심지어 일을 하다 강도를 당하는 불행까지 맞습니다. 이런 상황에서도 택배 회사의 관리인은 강도 때문에 다쳐서 병원에 간 리키의 안부를 걱정하기보다 '하루만큼 일하지 못해서 리키가 물어내야 할 돈'에 대해 언급하지요. 건당 배송 수수료가 리키의 수입이기 때문에 일은 늘 바쁘고 분주했습니다. 화장실 갈 틈도 없이 일하던 리키는 페트병에 소변을 보기까지 합니다.

영화 속 리키는 오랜 시간 열심히 일합니다. 그러나 열심히 일할수록 삶이 팍팍해지는 이상한 현상이 벌어졌지요. 이는 단순히 다른 나라 이야기로만 볼 수 없습니다. '빠른 배달의 나라' 대한민국에서도 공공연히 벌어지는 일이기 때문입니다. 우리나라에서도 대부분의 택배 노동자는 '노동자'가 아닌 '개인 사업자'입니다. 일부 기업을 제외하고는 대체적으로 택배 회사가 아닌 택배 대리점과 계약을 맺고 일을 하기 때문입니다. 개인 사업자로서 우리나라의 택배 기사들도 리키처럼 물건을 얼마나 많이 배달하느냐에 따라 수수료를 받습니다. 이것이 생계를 유지하기 위한 급여가 되는 셈이지요.

택배기사는 근로기준법으로 보호받는 노동자가 아니라 개인 사업자로서 일반 기업에 근무하는 이들과는 다른 근무 환경에 처해집니다. 우리나라에서 직장에 소속되어 월급을 받는 노동자는 일주일에 52시간을 일하고, 그 이상 일하면 수당을 더 받습니다. 하지만 택배기사는 개인 사업자이기 때문에 시간의 제한 없이 일하게 됩니다.

물건을 배달한 만큼 수수료를 받는 택배기사

하지만 이처럼 긴 시간 일하는 택배 노동자 중 15퍼센트만이 산업재해보험에 기입되어 있습니다. 산업재해보험이란 노동자가 업무를 수행하다 다치거나 병이 들었을 때 적절한 보상을 받을 수 있는 보험입니다. 즉, 85퍼센트의 택배기사는 일을 하다가 다치거나 병을 얻어도 제대로 된 보상을 받기 어렵다는 이야기지요. 택배 노동자들의 열악한 근무 환경을 짐작할 수 있는 부분입니다.

택배 노동자가 신의 직업이라고?

어떤 이들은 문제의 원인을 택배기사들의 욕심 때문이라고 이야기합니다. 택배 배송 건당 수수료를 받는 구조이니, 더 많은 돈을 벌기 위해 택배기사들이 무리하게 많은 물량을 배달하다 과로하게 된다는 논리였지요. 이와 비슷한 맥락으로 '택배는 주 5일 근무에 월급을 거의 700만 원 정도 받는 신의 직업'이라는 기사가 언론에 실린 적도 있습니다. 그들의 주장대로 택배기사의 개인적인 욕심 때문에 이런 일이 벌어지는 것일까요?

사실 택배는 배송할 수 있는 하루 물량을 마음대로 정하기 어렵다고 합니다. 예를 들어, 명절 등 연휴를 앞두고 택배 물량이 늘어나더라도 정해진 대로 소화해야만 하는 처지에 놓이지요. 이뿐만 아니라 택배를 받아 차량에 나누어 담는 분류 작업은 최대 5~6시간이나 걸리는 일이지만, 따로 돈을 받지 못합니다. 그렇다 보니 택배기사는 오랫동안 더 열심히 일을 해야만 하는 상황이 됩니다.

게다가 대부분의 택배기사는 영화 속 리키처럼 개인 사업자로 계약을 맺은 이들이 대다수입니다. 회사에 소속된 정규직이 아니기 때문에 부당한 근무 환경이나 조건에 대해 따지더라도 회사 입장에서는 이들과의 계약을 끝내면 그만입니다. 겉보기에는 택배기사들이 자유롭게, 높은 연봉을 받으며 지내는 듯 느껴지지만 자세히 들여다보면 그렇지 않다는 것을 알 수 있습니다. 오히려 자유롭게 노동자를 고용하고 해고할 수 있는 유리한 입장에 있는 건 택배 회사들이지요.

코로나19 이후 늘어난 택배 물량을 해결하기 위해 고군분투하는 택배기사 대부분은 '고연봉을 받는 신의 직업'을 가신 이들이 아닐 가능성이 높습니다. 오히려 회사에 소속된 사람보다 자신의 권리를 지키기 어려운 처지일 수 있지요. 그렇다면 비대면 거래가 일상화된 세상에서 진정한 강자는 누구일까요?

'공부 안 하면 저렇게 된다'는 말의 함정

한 엄마가 길거리를 열심히 쓸고 있는 청소 노동자를 보고 아이에게 말합니다. "너 공부 안 하면 나중에 저렇게 돼."

인터넷에 떠돌아다니는 짧은 만화에 나오는 내용입니다. 많은 누리꾼은 엄마의 말과 행동이 잘못되었음을 지적했습니다. 그러나 실제로 '공부를 열심히 해야 하는 이유'를 이렇게 설명하는 어른들이 있습니다. 불과 몇 년 전까지만 하더라도 '대학 가서 미팅할래? 공장 가서 미싱할래?' '30분 더 공부하면 내 남편 직업이 바뀐다' 등의 급훈이 교실에 붙어 있었습니다. 열심히 공부하라는 격려와 응원의 뜻은 알겠지만, 이런 말은 잘못된 메시지를 전달할 수 있습니다.

공장의 노동자들이나 청소 노동자들이 '게을러서' 혹은 '공부를 하지 않아서' 해당 직업을 가지게 된 것일까요? 이 속에는 개인의 능력과 성실함으로 학력이나 직업이 결정되므로 직업에 따라 서로 다른 몫을 분배받고 계층이 나뉘는 건 공정한 경쟁의 결과라는 생각이 숨어 있습니다. 그런데 이것이 옳은 이야기인지 다시 한번 생각해 볼 필요가 있습니다.

이솝 우화 속 토끼와 거북이가 했던 경쟁에 대해 생각해 볼까요? 결국 성실함을 잃지 않은 거북이가 승리하기는 하지만, 처음에는 토끼가 빠르게 뛰어가면서 유리한 위치를 차지하지요. 그런데 땅에서 빠르게 뛰어다닐 수 있는 토끼와 육지에서 느린 속도로 기어 다니는 거북이가 같은 출발선에서 시작하는 경쟁을 공정하다고 볼 수 있을까요? 공정한 경쟁이 이루어지려면 규칙이 공정한 절차를 통해 만들어져야 하고, 공정하지 못한 수단과 방법을 쓴 사람들을 제외해야 합니다. 그

런데 우리가 공정하다고 생각하는 사
회의 규칙이 실은 공정하지 않은 경우
가 많습니다.

　사람을 배경이 아니라 능력으로 평
가하는 것이 올바르다는 생각은 민주
사회로 넘어오면서 당연한 상식이 되
었습니다. 이러한 생각을 사회학자 마
이클 영은 '능력주의(Meritocracy)'라
고 이야기했습니다. 그러나 능력주의
에도 함정이 있습니다. 한 사람의 능력
이 과연 공평한 밑바탕 위에서 피어난
것이라고 볼 수 있을까요? 기본적인
생계도 유지하기 어려운 환경이라 아

이솝 우화 「토끼와 거북이」를 그린 삽화

르바이트를 해야 하는 학생과 어릴 때부터 개인 과외를 받으며 공부한 학생이 똑
같이 능력을 발휘하기는 어려울 것입니다.

　물론 의지를 가지고 성실하게 자신의 능력을 증명하는 건 바람직한 일입니다.
그러나 능력주의는 '사회 계층을 가르는 건 오로지 개인의 능력'이라는 착각을 하
게 만들 위험이 있습니다. 일부 특권층 자녀들이 좋은 대학에 간 것을 순전히 그들
의 능력과 노력 덕분이라 생각하게 하거나, 가난한 사람은 게으르다고 생각하게
도 하지요. 이 때문에 사회적 불평등을 당연한 것으로 여기게 만드는 장치가 되기
도 합니다. 능력은 사회의 몫을 나누는 중요한 기준 중 하나지만 전부가 될 수는
없음을 기억해야 합니다. 공정한 규칙이라 여겼던 것이 진정으로 공정한지 의심
해 보고, 사회적 약자에게도 공정한 경쟁의 밑바탕을 마련해 줄 필요도 있지 않을
까요?

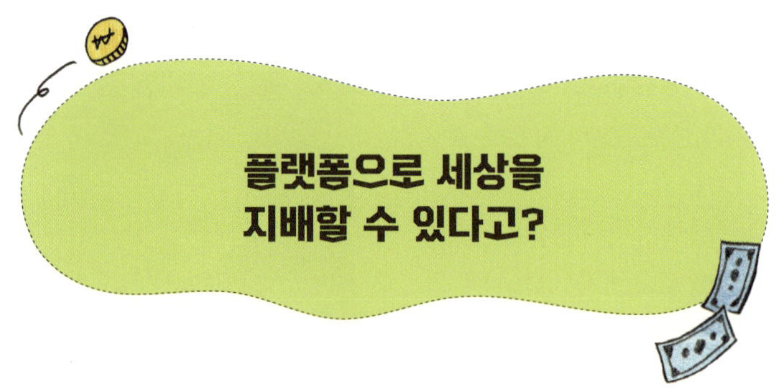

세상을 독점하는 방법

〈부루마블〉이라는 이름의 게임을 기억하나요? 주사위를 굴려 말을 움직이면서 땅을 사거나 건물을 지으며 승자를 정하는 이 게임은 지금도 어린이들의 사랑을 듬뿍 받고 있습니다. 이 게임은 사실 〈모노폴리(Monopoly)〉라는 미국의 보드게임을 한국에서 어린이용 보드게임으로 응용해 판매한 것입니다.

모노폴리는 '독점'을 뜻하는 영어 단어입니다. 게임은 말 그대로 땅을 독점하면서 그 부동산에 도착한 다른 플레이어에게 임대료를 받고 건물을 지으며 지배하는 규칙을 가지고 있습니다. 부루마블과 비슷한 룰이지만 한 가지 차이가 있습니다. 같은 색깔의 땅을 모두

같은 색깔의 땅을 독점하면서 상대를 파산시켜야 승리하는 〈모노폴리〉 게임

독점해야만 집이나 건물을 지을 수 있다는 점이지요. 이를 위해서는 다른 사람들과 부동산을 교환하거나 새로 사면서 내 땅을 늘려야 합니다. 임대료를 받으면서 다른 플레이어들을 모두 파산시켜야 비로소 승리할 수 있습니다.

〈모노폴리〉 게임의 역사는 1900년대 초까지 거슬러 올라갑니다. 보드게임 개발자였던 리지 매기는 〈지주 게임(Landlord's Game)〉을 만들었습니다. 게임에 참여하는 사람이 땅을 사서 집을 짓고 임대료를 세금으로 정부에 내는 규칙을 가지고 있었지요. 정부로 세금이 모일수록 모든 게임 참여자들은 무료로 토지를 이용할 수 있었습니다. 무료로 이용할 수 있는 땅이 늘어나니 게임 참여자들이 파산할 일도 없었지요.

그렇지만 1930년대 찰스 대로라는 사람이 〈지주 게임〉의 규칙을 정반대로 바꾸어 새로운 게임을 내놓았습니다. 그 결과 땅과 건물을 독점하고 다른 게임 참여자들을 파산시켜야 승리할 수 있는 〈모노폴리〉가 탄생했지요. 독점의 위험성을 알려 주기 위해 시작한 〈지주 게임〉이 아이러니하게도 독점의 힘을 보여 주는 〈모노폴리〉 게임으로 변신해 인기를 끈 것입니다.

독점의 위험성은 단지 게임 속 이야기일 뿐일까요? 우리가 살고 있는 21세기에도 새로운 형태의 독점이 등장하고 있습니다. 함께 경쟁하는 상대를 모두 파산시키며 승자가 되는 규칙은 사실 게임 이야기만은 아니지요.

편리한 택시 호출 서비스의 비밀

언젠가부터 길에서 지나가는 택시를 직접 잡기 어려워졌습니다. 이미 길 위의 택시 대부분이 호출을 받아 어디론가 달려가고 있기 때문입니다. 출발지와 목적지만 입력하면 택시를 호출해 주는 앱(애플리케이션)이 널리 사용되면서 달라진 풍경이지요.

특히 모바일과 인터넷 서비스를 제공하는 회사인 카카오의 택시

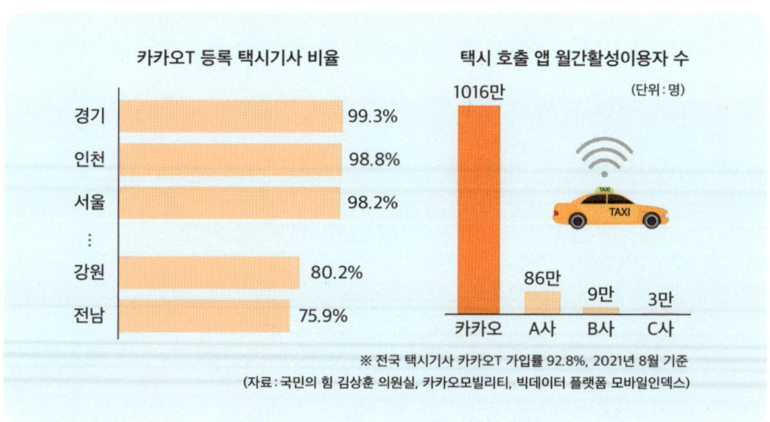

〈카카오모빌리티의 택시 호출 서비스 가입 현황〉

호출 앱은 전국 택시기사 10명 중 9명 이상이 가입해 있을 정도로 규모가 큽니다. 이를 이용하는 사람만 한 달에 1000만 명이 넘는 것으로 나타났습니다. 우리나라 국민 5명 중 1명은 이 택시 호출 앱을 이용하는 셈입니다.

이 앱을 사용하는 건 이용자에게도 큰 도움이 됩니다. 위치 정보만 입력하면 원하는 시간에 택시가 오니까요. 택시기사에게 직접 돈을 지불할 필요 없이 인터넷 결제도 가능하지요. 택시기사 입장에서도 편리성이 높아졌습니다. 노력하지 않아도 택시를 이용하고자 하는 사람의 호출을 받을 수 있기에 쉽게 손님과 연결되어 택시를 운행할 수 있습니다.

그러나 숨겨진 문제도 있습니다. 통계에서 볼 수 있듯이 카카오의 택시 호출 앱이 차지하는 비중이 너무나 큽니다. 2021년 8월에는 카카오가 택시를 빠르게 호출하는 서비스 비용을 원래의 1000원에서 최대 5000원까지 올리려고 계획한 적도 있었습니다. 물론 반대에 부딪쳐 계획을 철회했지만 카카오의 가격 인상 시도는 현재 택시 업계의 문제점이 무엇인지 깨닫게 해 주었지요.

이처럼 시장에서 하나의 회사가 특정 물건이나 서비스의 대부분을 혼자서 공급할 때 어떤 일이 벌어질까요? 경쟁업체가 존재하지 않거나 대부분 사라진 경우, 소비자는 카카오의 앱이 아니면 다른 방법으로 택시를 부르기가 점차 힘들어집니다. 택시기사 또한 이 서비스를 이용하지 않고는 수익을 올리지 못하는 위기를 맞지요. 시장을 독점하는 기업이 값을 크게 올리더라도 다른 선택의 여지가 없기 때문입니다. 그래서 택시를 이용하는 손님은 손님대로 웃돈을 내야 하고, 택시기사는 추가 수수료를 높게 내야 하는 상황이 옵니다. 부당하더라도 높은 가격을 받아들여야만 하는 처지가 되지요.

구글이 공짜 서비스를 유료로 바꾼 이유

세계적으로 가장 많은 사람들이 이용하는 검색 서비스는 아마도 구글일 것입니다. 2021년 6월, 구글은 그동안 공짜로 제공하던 포토 서비스를 유료로 전환했습니다. 구글 포토는 구글이 제공하는 사진이나 동영상을 저장·공유할 수 있는 서비스입니다. 이용자들은 이 서비스를 통해 사진과 동영상을 무제한으로 인터넷상에 업로드할 수 있었지요. 특히 스마트폰으로 찍은 사진이나 동영상을 저장하기에 안성맞춤이라 많은 사람이 이 서비스를 이용해 왔습니다.

그런데 구글은 2015년부터 계속해 오던 무료 서비스를 중단하고, 15기가바이트(GB)까지만 무료로 서비스를 제공하기로 발표했습니다. 이전에는 구글이 아니더라도 디지털 자료를 저장해 놓을 수 있는 개인용 클라우드 서비스를 제공하는 기업들이 있었습니다. 그러나 경쟁업체들이 대부분 유료로 서비스를 운영하는 동안 구글은 과감하게 공짜로 서비스를 제공했지요. 사람들이 구글의 무료 서비스를 선호하자 다른 업체들은 경쟁력을 잃고 서비스를 중단했습니다. 그 결과 구글은 무료 서비스를 통해 전 세계 10억 명 이상의 엄청난 이용자를 확보했습니다.

무료 혹은 낮은 가격을 미끼로 경쟁업체를 물리치고 시장에서 힘을 키운 뒤에 가격을 올리거나 유료 서비스로 전환하는 방식은 거대 기업의 대표적인 전략입니다. 이용자들은 울며 겨자 먹기로 기업이 정해 놓은 가격을 따를 수밖에 없지요.

클라우드 서비스나 택시 등 몇몇 분야의 특별한 이야기일까요? 아닙니다. 카카오는 이미 은행, 퀵서비스, 대리운전 등 다양한 분야에 손을 뻗었습니다. 특히 퀵서비스나 대리운전 등은 작은 규모로 업체를 운영하는 이들이 많은 분야였습니다. 카카오가 이러한 분야에 뛰어들어 앱을 통해 소비자와 서비스 사이를 연결하거나, 쉽고 편리한 서비스를 제공하며 저렴한 수수료를 받으면 경쟁업체는 점점 힘을 잃고 사라져 갑니다. 이 과정에서 자연스럽게 카카오는 해당 분야에서 유일하게 남은 승자가 될 수 있지요.

구글은 전 세계적으로 소송에 자주 휘말리는 기업이기도 합니다. 우리가 안드로이드 스마트폰을 사면 처음부터 구글이 만든 앱이 깔려 있는 경우가 많지요. 스마트폰을 만드는 회사와 통신사에 수십억 달러를 내고 구글의 앱을 미리 설치하도록 만들기 때문입니다. 이렇게 적극적인 행위를 통해 구글은 애플리케이션 시장에서 우위를 차지했습니다. 이를 공정하지 못하다고 여긴 미국 법무부가 구글에 소송을 걸었던 일도 있었지요.

구글이나 카카오의 운영 방식을 살펴보면 한 가지 사실을 알 수 있습니다. 거대 IT 기업은 처음에는 낮은 가격으로 소비자에게 편리한 서비스를 제공합니다. 그러나 시간이 지나 경쟁업체가 사라지고 시장을 지배할 힘을 얻으면 그때 비로소 가격을 올립니다. 그 피해는 고스란히 소비자의 몫으로 돌아가는 경우가 많습니다. 소비자가 저렴하고 편리한 서비스를 선호하는 건 당연한 일이지만, 한 번쯤 생각해 볼 문제이기도 합니다.

가격이 낮으면 모두에게 도움이 될까?

그렇다면 가격을 올리지 않고 소비자가 낮은 가격으로 상품을 살 수 있게 도와주는 기업은 '좋은 기업'이라 말할 수 있을까요? 미국의 아마존은 세상의 수많은 물건을 이틀 만에 배송해 주는 회사입니다. 미국 상거래 시장의 43퍼센트를 점유할 정도로 큰 힘을 가진 기업이기도 하지요. 아마존은 그동안 기저귀 판매 기업, 온라인 신발 판매 기업, 동영상 스트리밍 기업 등 다양한 기업들을 흡수하기도 했습니다.

물론 아마존 덕분에 소비자는 낮은 가격에 빠른 배송 서비스를 제공받을 수 있습니다. 그래서 '저렴한 가격으로 물건을 살 수 있게 해 주는데 도대체 뭐가 문제냐'고 질문을 던질 수도 있습니다. 그러나 조금만 시선을 옮기면 또 다른 문제가 보입니다. 아마존이 낮은 값으로 다양한 상품을 팔수록 아마존에 물건을 공급하는 작은 회사나 제조업체도 낮은 값으로 물건을 팔아야 하므로 피해를 입기 쉽습니다.

뿐만 아니라 소비자기 상품을 자유롭게 선택한 자유도 줄어듭니다. 원래 아마존은 책을 판매하는 온라인 서점에서 출발했습니다. 몇몇 온라인 서점의 힘이 커지기 전에는 소비자들이 좋은 책을 골라 그 입소문으로 베스트셀러가 결정되는 경우가 많았지요. 그러나

아마존의 독점을 풍자하는 만화

이제는 아마존이 추천하는 책이나 상품 목록 윗자리에 배치되는 책
이 베스트셀러가 될 가능성이 높습니다. 책뿐만 아니라 모든 상품
에서 비슷한 일이 벌어진다면 업체 사이의 공정한 경쟁 기회는 줄
어들게 마련입니다. 자연스럽게 소비자의 자유로운 선택 기회도 줄
어들지요. 소비자가 여러 기업의 상품 중에서 품질과 가격을 비교
해 좋은 상품을 선택하기보다 거대 기업이 추천하고 밀어주는 상품
을 선택할 가능성이 높아지는 셈입니다. 이러한 현실은 소비자에게
도 물건을 만드는 제조업체에도 좋은 일이라 볼 수 없겠지요.

소비자와 생산자를 연결하는 플랫폼 기업

간단한 퀴즈입니다. 다음 중 온라인으로 단독 주문했을 때 1시간 안에 배송이 불가능한 음식은 무엇일까요?

① 아메리카노　② 샐러드　③ 마라탕　④ 맥주　⑤ 빙수

답은 맥주입니다. 술의 경우 음식과 함께 시켜야 하는 것이 원칙이고, 배달이 왔을 때 신분증을 보여 주며 성인임을 인증해야 합니다. 그 외의 음식은 모두 배달이 가능하지요.

웬만한 음식은 수수료만 낸다면 얼마든지 집으로 배달받을 수 있는 세상입니다. 몇 년 전까지만 해도 '배달 음식'이라고 하면 짜장면이나 짬뽕, 치킨을 시켜 먹는 정도였지만, 배달 앱이 등장해 1인분 음식이나 디저트도 배달 가능한 시대가 되었지요. 특히 코로나19 이후 '집콕' 생활이 당연해지면서 외식은 줄고 음식을 배달시켜 먹는 문화가 널리 퍼졌습니다. 전염병이 기승을 부린 2020년 음식 배달 앱에서 이루어진 거래액이 이전 연도 대비 거의 30퍼센트 가까이 늘어났다는 조사 결과도 있지요.

비대면 주문이 가능해짐에 따라 우리는 예전과 다른 편리한 시대를 맞고 있습니다. 일상생활에서 필요한 것을 사거나 원하는 서비스를 받는 건 스마트폰 하나로 가능해졌습니다. 음식을 시켜 먹고 쇼핑할 때뿐만이 아니라 친구에게 선물할 때, 길을 찾거나 은행 업무를 해결해야 하는 순간, 여행 숙소를 예약하는 일도 모두 인터넷을 통해 할 수 있습니다.

이제 네이버, 카카오, 아마존, 우버, 구글 등은 모두 우리 삶에 없어서는 안 될 존재가 되었습니다. 우리는 카카오톡으로 친구와 대화하고, 페이스북이나 트위터 같은 SNS를 통해 다양한 정보와 뉴스를 접합니다. 유튜브는 한국인이 가장 많이 사용하는 앱으로 꼽히기도 했습니다.

이처럼 인터넷과 IT 기술을 통해 생산자와 소비자를 연결하는 기업을 플랫폼 기업이라 부릅니다. 플랫폼은 원래 기차를 타기 위해

일상으로 스며든 플랫폼 기업

기다리는 공간인 승강장이나 정거장을 뜻하는 말입니다. 산업 분야에서 플랫폼은 '생산자와 소비자가 온라인상에서 영향을 주고받게 만들며 가치를 만들어 내는 기업'을 의미합니다. 생산자와 소비자가 뛰노는 일종의 놀이터 같은 역할을 하지요.

플랫폼 기업은 다양합니다. 구글, 네이버, 다음처럼 검색 엔진이나 인터넷 포털을 운영하는 기업이 있는가 하면, 페이스북이나 트위터 같은 SNS를 운영하는 기업도 존재합니다. 한편 우버나 에어비앤비처럼 남는 물건을 서로 빌려주며 공유하도록 도와주는 기업 또한 플랫폼 기업이라고 할 수 있습니다. 우리는 매일 스마트폰을 이용하여 플랫폼 기업이 제공한 놀이터에서 뛰놀고 있는 셈입니다.

모두가 SNS에 글을 올리지 않는다면?

엉뚱한 상상을 하나 해 봅시다. 어느 날 트위터나 인스타그램, 페이스북 같은 SNS에 아무도 글을 올리지 않는다면 어떤 일이 벌어질까요? 심지어 모든 이용자가 자신이 올렸던 게시물을 모두 삭제해 버린다면 SNS를 운영하는 기업들은 당황할 겁니다. SNS는 이용자가 게시물을 올리고 서로 소통해야 운영 가능한 시스템이니까요. 유튜브 역시 비슷합니다. 아무도 동영상을 올리지 않고 자신이 올린 영상을 내리기까지 한다면 유튜브는 아마 오랫동안 버티기 힘들어질지도 모릅니다.

물론 현실 가능성은 매우 낮지만, 이 엉뚱한 상상을 통해 새로운 사실을 깨달을 수 있습니다. 유튜브에 올라온 동영상은 유튜브에서 만드는 것이 아닙니다. 수많은 유튜버들이 만들어 낸 생산물이지요. SNS도 마찬가지입니다. 사용자들이 게시물을 올리지 않는다면 운영이 거의 불가능합니다. 에어비앤비와 우버도 물건을 빌리는 사람과 빌리려는 사람이 없다면 존재할 수 없는 플랫폼 기업이지요.

플랫폼 기업의 역할은 매우 독특합니다. 예를 들어, 자동차 기업은 공장을 세우고 기계를 들여놓은 뒤 노동자를 고용해 자동차를 제조합니다. 제빵 회사도 마찬가지로 설비를 갖추고 노동자를 통해 빵을 만들지요. 그러나 플랫폼 기업은 다릅니다. 우버는 택시기사를 고용할 필요가 없고, 에어비앤비는 방 한 칸을 소유할 필요가 없습니다. 인스타그램이나 페이스북은 피드를 올릴 사람을 따로 구하지 않아도 운영이 가능합니다. 재화나 서비스를 제공하는 생산자와 이를 이용하는 소비자를 중개하기만 하면 됩니다. 심지어 미국 최대의 온라인 상거래 회사인 아마존도 택배를 포장하고 잘 옮길 사람만 고용하면 됩니다. 많은 노동자가 필요하지 않지요. 상품을 생산하는 건 공급업체가 하는 일이니까요. 플랫폼은 그 어원처럼 말 그대로 '판'을 만들어 주고 사용자가 쓸 수 있는 인터넷 공간을 제공할 뿐입니다.

어느새부터인가 일종의 장소를 제공하는 플랫폼 기업의 힘이 막 강해지고 있습니다. 단순한 온라인 공간을 제공하는 것만으로도 가장 많은 돈을 벌어들일 수 있다는 사실이 놀랍지요. 원래 자본주의 사회에서는 땅이나 공장, 기계 등을 가진 사람들이 자신의 자본으로 경제력을 쌓기 쉽습니다. 그런데 인터넷 플랫폼 기업은 눈에 보이는 땅을 제공하거나 생산 시설을 갖춘 공장을 가진 것이 아님에도 엄청난 돈을 벌어들이고 있습니다. 그것을 가능하게 하는 힘의 원천, 생산 수단은 도대체 무엇일까요? 그 답을 '데이터'에서 찾을 수 있습니다.

석유왕은 왜 미국 경제에
위험한 존재가 되었을까?

세계 최초의 억만장자이자 석유왕이라 불렸던 사나이가 있습니다. 미국의 기업인 존 록펠러입니다. 록펠러는 거대한 석유 기업 스탠더드 오일을 운영했던 인물이지요.

19세기 말 자동차의 출현으로 이전까지 검은 물에 불과했던 석유의 필요성이 갑자기 높아졌습니다. 가난한 집안에서 태어나 생필품 사업에서 성공을 거둔 록펠러는 과감하게 석유 산업에 뛰어들어 놀라운 경영 능력을 보여 줍니다. 땅에서 캐낸 천연 상태의 석유를 정제해서 석유 제품을 만드는 산업을 정유(精油)라고 하는데, 록펠러는 철도업체와 결합해 석유를 수송할 수 있는 교통수단을 먼저 장악했습니다. 덕분에 정유 산업에서 독보적인 위치를 차지할 수 있었지요. 더불어 규모가 작은 석유업체들을 사들이면서 정유 산업의 강자로 자리 잡았습니다. 심지어 당시 미국에서 소비되는 석유의 95퍼센트를 스탠더드 오일이 판매할 정도였으니, 그 힘이 얼마나 어마어마했는지 짐작할 수 있습니다.

록펠러는 한때 재산 최고액이 미국 GDP의 약 1.6퍼센트에 달할 정도로 엄청난 재산을 모으기도 했지요. 한 신문에서는 "아담이 에덴동산에서 쫓겨난 뒤 지금까지 매일 500달러씩 저축했다 쳐도 지금의 록펠러만큼 부자는 못 됐을 것"이라고 묘사할 정도였습니다. 록펠러는 석유값을 마음대로 정할 수 있는 힘을 가지고 있었고, 덕분에 엄청난 부(富)를 거머쥐게 되었습니다. 회사 운영을 통해 번 돈의 상당액을 기부하기도 했지만 석유 독점으로 인해 미국 국민의 반감을 사기도 했지요.

자본주의 사회에서는 개인이 생산 수단을 가지고 자유롭게 경제 활동을 할 수 있습니다. 그런데 기업의 자유를 무제한으로 인정하다 보면 록펠러가 그랬듯 독점의 문제가 생기기도 합니다. 이미 시장에서 거대한 규모를 가진 기업이 유리한 위치를 이용해 작은 기업을 시장에 들어오지 못하게 막고, 때로는 시장에서 내쫓는 일도 생기지요. 특히 록펠러의 경우처럼 전체 시장에 어떤 상품을 파는 판매 기업이 단 하나일 때, 경쟁자가 없는 독

석유왕이라 불린 존 록펠러

점 기업은 어마어마한 힘을 지니게 됩니다. 물건 가격이나 생산량을 좌지우지할 수 있는 힘이지요.

이런 문제는 누가 해결할 수 있을까요? 록펠러의 석유뿐 아니라 철도 등 여러 기업의 연합에 의한 심각한 독과점(獨寡占)을 겪었던 미국은 1890년 상원의원의 주도로 독점에 반대하는 셔먼독점금지법(Sherman Antitrust Act)을 제정해 독점을 막고 규제하기 위해 노력했습니다. 스탠더드 오일 역시 1911년 이 법에 의해 34개의 작은 기업으로 강제로 나뉘며 록펠러의 석유 독점 시대는 끝맺었지요.

이처럼 오늘날 자본주의 국가의 정부는 독점 기업의 횡포를 막거나 공정한 경생을 위한 질서를 바로 세우는 역할을 합니다. 기업 사이에 자유로운 경쟁이 가능해야 소비자도 질 좋은 상품을 적절한 가격에 소비할 수 있으니까요.

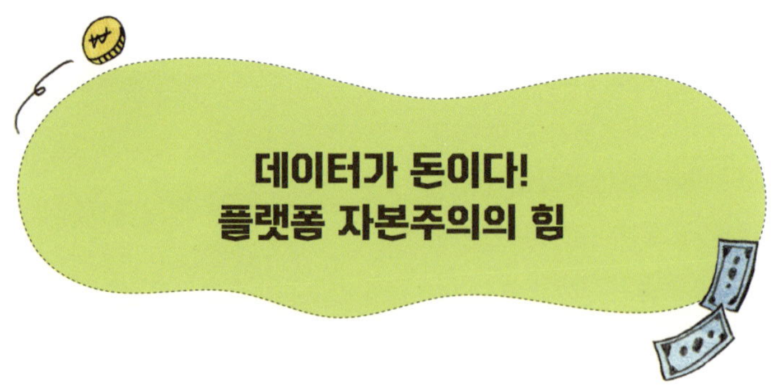

나보다 나를 더 잘 아는 구글과 유튜브

구글이나 유튜브에 접속하면 첫 화면을 보고 깜짝 놀랄 때가 있습니다. 좋아하는 노래나 유머 동영상, 관심 있는 분야의 뉴스 등 나에게 딱 맞춘 것 같은 광고나 기사가 메인 화면에 당당히 떠 있기 때문입니다.

구글이나 유튜브는 내 관심사를 어떻게 이토록 잘 알고 있는 것일까요? 그것은 사실 예전의 내가 플랫폼에 제공한 정보 덕분입니다. 플랫폼 기업은 개인이 이전에 무엇인가를 검색했던 기록을 모두 기억하고 그에 맞는 서비스를 제공합니다. SNS에서도 마찬가지로 비슷한 일이 벌어집니다. 내가 평소 팔로우하는 이들을 분석해

미디어 플랫폼을 이용하면서 나도 모르게 제공하고 있는 데이터

비슷한 관심사를 가진 이들을 자동으로 추천해 줍니다

유저할 때 이용하는 내비게이션 앱도 비슷한 시스템을 따릅니다. 어떻게 내비게이션이 적당한 경로를 알고 안내해 주는지 신기할 때가 있지요. 하지만 내비게이션 앱이 제 기능을 할 수 있는 건 사실 이 앱을 이용하는 운전자들 덕분입니다. 이용자의 위치 정보나 이동 경로, 출발지와 도착지 등의 데이터가 앱을 통해 업체에 전달되고, 이렇게 쌓인 데이터를 기초로 최적의 길을 안내할 수 있지요

우리는 매일 나와 관련된 데이터를 각종 업체에 제공하고 있습니다. 인터넷 포털에 들어가 클릭하는 게시물의 내용, 입력하는 검색어, 온라인으로 연결된 친구와 '좋아요'를 표시한 페이지 등의 데이

터는 플랫폼 기업에게 큰 도움이 됩니다. 나와 비슷한 성별과 나이를 가진 사람에게 적합한 광고를 선정하거나 새로운 제품 또는 서비스를 개발하는 데 사용하지요. 온라인 친구의 성향, 좋아하는 콘텐츠, 지금 원하는 것 등 플랫폼 기업들은 나보다 나에 대해 더 잘 알고 있는 셈입니다.

플랫폼 기업이 내 성향이나 관심사를 파악하고 저장해 두는 이유는 무엇일까요? 한마디로 이 정보가 모두 돈이 되기 때문입니다. 이용자의 정보는 플랫폼 기업이 부를 쌓을 수 있는 원천이라고 볼 수 있습니다.

지금까지 인류의 역사를 살펴보면 생산을 위한 밑바탕이 되는 요소는 주로 토지나 노동력, 자본 같은 것들이었습니다. 농사를 지으며 살아가던 시기에는 땅과 그 위에서 일하는 노동력이 중요한 생산 요소였지요. 산업혁명 이후에는 공장에서 상품을 생산하는 제조업이 주요한 산업이 되었고, 토지뿐 아니라 공장, 공장에 있는 설비 및 시설, 기계 등 다양한 자본이 중요한 생산 자원이 되었습니다.

그런데 20세기 후반부터 또 한 번 급격한 변화가 나타나기 시작했습니다. 컴퓨터 기술의 발달과 인터넷망의 연결로 지식과 정보가 중요한 생산 요소로 떠오른 것이지요. 미래학자 앨빈 토플러는 일찍이 이렇게 지식과 정보가 생산의 주요 요소로 떠오르는 세상이 올 것이라고 예측한 바 있습니다. 농업혁명, 산업혁명만큼 커다란 변화가 전 세계에 나타날 거라며 이 변화를 정보화혁명이라고 이름 붙였지요. 산업혁명 이후에 자본가들이 경제적·정치적 힘을 거머쥐었듯 정보와 지식을 가진 이들이 세상을 주도하게 될 것이라는 예측도 했습니다.

21세기에 들어 인터넷 기술은 한층 더 발달했고, 예전에는 상상도 하지 못했던 엄청난 양의 정보를 인터넷상에 저장할 수 있게 되었습니다. 뿐만 아니라 인공지능은 이러한 정보를 수집해 인간의 힘을 뛰어넘는 분석과 학습, 데이터 활용까지 해낼 수 있는 능력을 갖추고 있습니다. 데이터를 수집하고 저장하는 건 인공지능이지만, 이 인공지능이 가진 데이터 수집과 분석 능력을 이용해 돈을 벌고 있는 건 플랫폼 기업입니다.

데이터는 사실 모두의 것이라고?

미국에서는 '구글로 정보를 검색한다'라는 뜻의 'Googling'이라는 말이 하나의 동사로 널리 쓰입니다. 그만큼 구글은 전 세계 포털 사이트 중에서 가장 막강한 힘을 가지고 있지요. 글로벌 검색 엔진 가운데 점유율이 92.5퍼센트에 이른다는 조사 결과도 있습니다. 한 달 평균 전 세계 19억 명이 로그인해 시간을 보내는 유튜브 역시 구글의 소유입니다. 사람들이 구글이나 유튜브에 로그인해 검색한 내용은 고스란히 이 거대한 플랫폼 기업의 돈이 됩니다.

물론 기업 역시 데이터에 대한 보상을 어느 정도 마련해 주기도 합니다. 유튜브가 구독자 수나 조회 수에 따라서 유튜버들에게 보상을 주는 게 한 예이지요. 그렇지만 특별한 경우가 아니면 그 보상이 충분하지 않다는 특징이 있습니다. 시간이 갈수록 데이터는 가장 중요한 부의 원천이 되어 가는데, 정작 그 데이터를 만들어 낸 사람에게 제대로 된 보상이 돌아가지 않는다면 사회의 불평등은 더욱 심해질 수 있습니다. 엄밀히 말하면 데이터는 개인의 소유인데, 정작 주인 행세를 하며 그것을 바탕으로 돈을 버는 건 플랫폼 기업이기 때문입니다.

앞서 이야기했듯 기본소득을 주장했던 토머스 페인은 세상의 토지는 개인의 것이 아니라 자연의 선물, 즉 공유부임에도 땅 주인이 그걸 자신의 재산인 양 소유하면서 수익을 올리는 현실을 비판했습니다. 더불어 토지 소유자들이 올리는 수익을 모두에게 공평하게 나누어야 한다고 말했지요.

우리가 만들어 낸 데이터도 비슷한 특징을 지닙니다. 한두 명의 개인이 아니라 우리가 정보를 검색하고 생활하며 만들어 낸 사회적 재산이라 할 수 있지요. 특히 빅데이터와 인공지능이 발달할수록 누군가 한 명의 기여로 만들어지지 않는 부와 소득은 늘어날 전망입니다. 그래서 함께 만들어 낸 부에 세금을 철저하게 매겨서 정부가 이를 거두어들인 다음, 사회 구성원 모두에게 동등하게 되돌려 주어야 한다는 이야기도 나오고 있습니다. 모두가 공유하고 있는 재산에서 발생하는 수익은 모두가 평등하게 나누어 가질 권리가 있다고 말하는 것이지요.

특히 플랫폼이 막강한 힘을 가질수록 사회의 많은 부가 한쪽으로 쏠릴 것으로 예상됩니다. 데이터의 힘으로 플랫폼 기업들이 이끌어 가는 자본주의 세상은 불평등이 더욱 심해질 거라는 전망이 많습니다. 뿐만 아니라 불평등의 뿌리는 이미 오래전부터 시작되고 있었다는 주장도 존재합니다. 이런 상황에서 모두가 함께 만든 빅데이터를 가지고 창출해 낸 부를 모두에게 공평하게 나누자는 주장에 관심이 쏠리고 있지요.

로그인,

새로운 감시의 시작

중국의 한 공중화장실에서는 화장지를 쓰려면 지급 장치에 얼굴을 가져다 대야 합니다. 이 장치에는 안면인식 기술이 탑재되어 있기 때문입니다. 기계가 얼굴을 인식하면, 필요한 만큼의 화장지가 나옵니다.

공중화장실에서만 벌어지는 일은 아닙니다. 공연장에 들어갈 때, 초등학교에서 체온 검사를 하고 등교할 때, 아파트 단지에서 쓰레기를 버릴 때에도 안면인식 기술이 사용되기도 합니다. 중국의 정보기술 회사인 텐센트는 청소년들이 모바일 게임을 할 때에도 부모의 아이디로 게임하는 것을 방지하기 위해 먼저 안면인식을 하도록 만들었습니다.

중국은 안면인식 기술을 가장 많이 활용하는 나라입니다. CCTV가 세상에서 가장 많이 설치된 나라이기도 하지요. 전 세계 CCTV 중 중국에 설치되어 있는 것들이 무려 전체의 54퍼센트에 이를 정도입니다.

그만큼 세상이 편리해졌다는 이야기일까요? 이렇게 개인의 지문, 얼굴, 정보가 무차별적으로 어딘가에 공유된다는 건 한편으로 위험한 일이기도 합니다. 2013년 미국 중앙정보국(CIA)

사람들을 감시하는 눈이 되기도 하는 CCTV

에서 일했던 에드워드 스노든은 미국의 무차별한 개인정보 수집에 대해 폭로해 화제가 되었습니다. 그에 따르면 미국 국가안보국(NSA)은 일반 시민의 개인정보를 대규모로 수집해 마음대로 이용했고, 외국 대통령이나 수상들의 통화, 이메일까지 몰래 보고 들었습니다. 이 같은 스노든의 폭로는 전 세계에 큰 충격을 불러일으켰지요.

이 이야기는 우리에게도 의미심장하게 다가옵니다. 우리가 인터넷에 로그인하거나 신용카드를 쓰거나 온라인 결제를 할 때마다 이름, 전화번호, 주민등록번호, 주소 등 수많은 정보가 관련 기업에 입력·저장될 가능성이 높기 때문입니다.

뿐만 아니라 이제 인터넷 사이트나 스마트폰 앱에 접속하지 않아도 내가 움직이는 동선까지 모두가 알 수 있는 사회가 되었습니다. 코로나19 이후로 상점이나 마트, 백화점, 음식점에 들어갈 때마다 QR코드를 찍으면 곧장 내 위치 정보가 저장되어 언제 어디에 갔는지 추적할 수 있었지요. 전염병 때문에 어쩔 수 없이 이루어지는 절차이기는 했지만 앞으로 내가 가는 곳, 하는 일, 개인정보 등을 강력한 권한을 가진 정부나 플랫폼 기업이 공유하고 감시하고 통제하는 사회가 될 가능성도 없지 않습니다.

소설가 조지 오웰은 『1984』(1949)라는 소설을 통해 새로운 독재 사회를 예견했습니다. 소설 속에서 독재자인 빅브라더는 자신의 독재를 유지하기 위해 '텔레스크린'이라는 장치를 이용해 모든 사람의 사상과 개인정보를 통제합니다. 70년 전에 쓰인 소설임에도 우리의 현실과 닮은 부분이 있어 놀라움을 안겨 주지요.

18세기 말 영국의 공리주의자 제러미 벤담이 이야기한 원형 감옥인 파놉티콘(Panopticon)이 떠오르기도 합니다. 이 감옥은 중앙에서 주변을 둘러볼 수 있습니다. 반면 죄수방인 주변에서는 중앙을 볼 수 없지요. 죄수들은 자신이 인제 이떤 식으로 감시당하는지 정확히 알 수 없어 항상 긴장하며 생활합니다. 이 파놉티콘에 대해 철학자 미셸 푸코는 "단순한 감옥이 아니라 권력에 기대어 다양한 차원에서 감시 가능한 사회 상황을 의미한다"고 이야기했습니다.

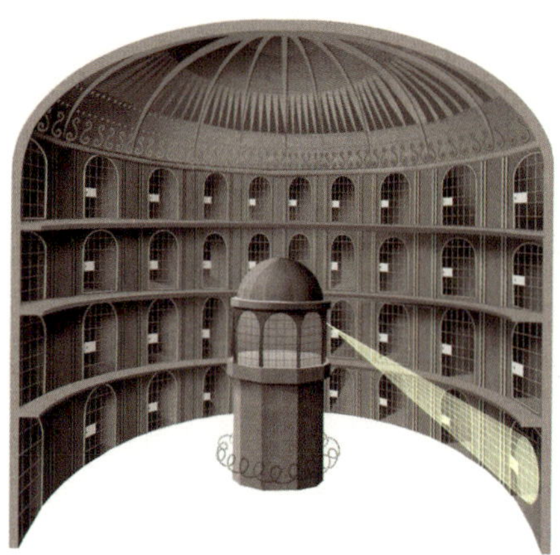

벤담이 이야기한 파놉티콘의 상상도

페이스북의 창업자 마크 주커버그는 "프라이버시의 시대는 끝났다"라고 이야기한 바 있습니다. 인터넷과 SNS의 발전뿐 아니라 사람과 데이터, 사물 등 모든 것이 연결되는 초연결 사회에서 나의 비밀은 존재하지 않게 될 수도 있습니다. 사이트나 앱에 접속할 때 로그인만큼 로그아웃이 중요하다는 사실을 다시 한번 되새길 때입니다.

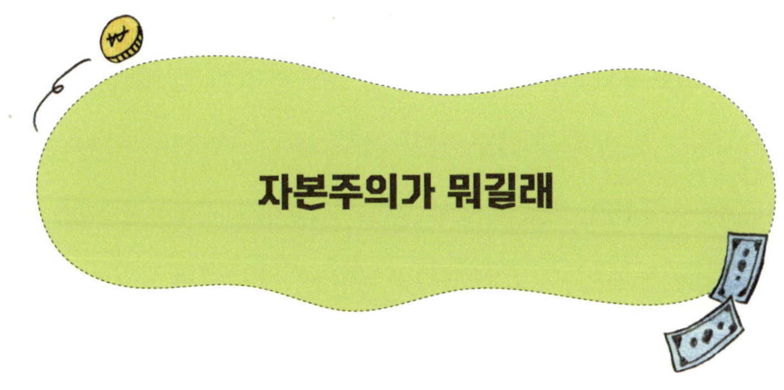

왜 건물주가 희망 직업이 되었을까?

한 취업 포털에서 성인 남녀를 대상으로 꿈꾸는 직업을 조사한 결과 2위를 차지한 것은 건물주입니다. 고등학생들의 장래 희망도 비슷했습니다. 한 방송국의 조사 결과 역시 고등학생들의 선망 직업 1위는 공무원이었지만 2위는 건물주와 임대업자였지요. 의사나 경찰, 교사가 희망 직업으로 인기를 끌었던 과거와 달리 건물주가 꿈인 이유는 왜일까요?

답은 간단합니다. 건물주가 되어 건물을 사람들에게 임대해 주면 일하지 않고도 매달 돈을 벌 수 있기 때문입니다. 월급을 벌기 위해 일하러 나가지 않아도 소비를 하며 살아갈 수 있지요. 요즘 말하는

'경제적 자유'를 이룬 이들이기에 선망의 대상이 되곤 합니다.

역사적으로 살펴보면 생산을 위한 노동을 하지 않고 예술이나 오락 등 비생산적인 일을 해도 먹고살 수 있는 사람들이 있었습니다. 가령 중세시대의 영주들은 땅과 농노가 바치는 세금으로 일을 하지 않고 풍요롭게 지낼 수 있었습니다. 절대왕정시대의 귀족들도 마찬가지였지요.

태어날 때부터 신분이 높아 먹고 놀며 지냈던 영주나 귀족과 달리, 근대에는 부르주아가 사회를 지배하는 중요 계층으로 떠올랐습니다. 이들은 원래 중세시대에 자유로운 도시에 살면서 상업과 무역 거래 등에 종사하며 재산을 모은 평민을 말합니다. 당시에는 성 안에 도시가 자리 잡은 경우가 많아 프랑스어 '성(Bourg)'에서 그 이름이 시작되기도 했지요.

부르주아가 가진 힘의 핵심은 경제력이었습니다. 그들은 오래전부터 상업, 수공업, 무역 거래를 통해 재산을 쌓아 왔지요. 이는 근대에 이르러 공장이나 기계, 생산 설비 등의 생산 수단을 구할 만한 경제력의 밑바탕이 되었습니다. 게다가 노동자를 고용해 공장에서 생산물을 만들어 팔면 더 많은 재산 축적이 가능했습니다.

이처럼 개인이 생산 수단을 사적으로 가질 수 있고, 이를 바탕으로 자유롭게 경제 활동을 할 수 있는 경제 체제를 자본주의라고 합니다. 자본주의를 이끌던 부르주아들은 노동자 계급과 달리 매일같이 출근해 일하지 않아도 생계를 해결할 수 있을 뿐 아니라 문화생활과 각종 소비까지 즐길 수 있었습니다.

현대의 건물주도 비슷한 측면에서 삶을 여유롭게 즐길 수 있습니다. 사람들은 건물 자체에 관심을 가진다기보다 사실 건물을 통해 누릴 수 있는 노동으로부터의 경제적 자유를 더 부러워하는 셈입니다. 좋아하는 일을 하고, 싫어하는 일을 하지 않을 수 있는 자유 말이지요.

상업과 무역을 통해 부를 쌓고
사회의 지배 계층으로 떠오른 부르주아

어떤 부자의 자가격리 사진

코로나19가 전 세계에 확산되며 한창 기승을 부리던 2020년 3월, 할리우드 영화사의 설립자인 데이비드 게펀이 SNS에 올린 글이 화제가 되었습니다. 게펀은 "바이러스를 피해 그레나딘제도에서 자가격리 중이다"라는 내용의 게시물을 올렸는데, 약 7000억 원이 넘는 호화 요트의 모습이 찍힌 사진이었기 때문입니다. 이 게시물은 SNS

에서 많은 비판을 받았습니다. 코로나19 때문에 많은 사람이 일자리를 잃거나 임금이 줄어 고생하는 상황에서 자신의 부를 과시했다는 이유였지요.

겉으로 보기에 코로나19 바이러스는 빈부격차를 가리지 않고 모든 사람에게 침범하는 것처럼 보였습니다. 그렇지만 코로나 사태로 인해 사람들은 그동안 쌓여 있던 사회적·경제적 불평등을 깨닫게 되었습니다. 미국의 일간지 뉴욕 타임스에서 보도한 바에 따르면, 미국의 갑부들은 코로나 사태 이후 수십억 원에 이르는 호화 벙커나 하루 숙박비가 몇백만 원에 이르는 외딴섬에 숨어 들어가 쉴 수 있었습니다. 반면 저소득층의 삶은 코로나 이후 더욱 어려워졌습니다. 특히 휴교로 인해 학교에서 점심을 해결하거나 학교의 의료 시스템을 이용했던 저소득층 아이들은 집에서 방치되는 일이 생겼습니다.

우리나라 상황도 크게 다르지 않았습니다. 코로나19 사태로 임시 일용직에서 일하는 이들은 직장을 잃고, 작은 가게를 운영하는 자영업자들의 소득은 줄었습니다. 경제 위기가 오자 사회적 약자 계층부터 가장 먼저, 크게 피해를 입었던 것이지요. 바이러스는 빈부에 관계없이 모두에게 공평하게 퍼지는 듯 보였지만, 전염병이 퍼진 이후의 상황은 부자보다 가난한 이들에게 더 가혹했습니다.

코로나19 때문에 빈부격차가 유독 심해진 걸까요? 사실 그동안 경제직 · 사회직 불평등은 차곡차곡 쌓여 왔습니다. 그러다가 코로나19로 인해 이 사실이 수면 위로 드러났고, 불 위에 기름을 끼얹듯 더욱 심해진 것이지요. 이러한 상황을 표현하는 코로나 디바이드(Corona Divide)라는 말이 유행하기도 했습니다. 근로소득으로 살아가던 사회 취약층의 소득은 줄어드는데 자산가들은 투자 등으로 재산을 불리며 빈부격차가 심각해지는 상황을 말합니다.

코로나19 이후 드러난 전 세계의 빈부격차가 심각해지기 시작한 건 언제부터일까요? 많은 사람들이 신자유주의라는 시대의 흐름에서 그 답을 찾고 있습니다.

우리를 극한 경쟁으로 몰아넣은 신자유주의

넷플릭스에서 방영되며 전 세계에서 인기를 끈 한국 드라마 〈오징어 게임〉은 무려 456억 원이라는 상금을 걸고 냉혹한 게임에 던져진 이들이 생존을 위해 고군분투하는 이야기를 다루고 있습니다. 이를 단순한 서바이벌 게임 이야기로 볼 수도 있지만, 드라마가 전하는 메시지를 다르게 보는 시선도 있습니다. 이 드라마 속 등장인물은 주로 실직한 노동자, 가난한 노인, 이주 노동자 등 사회에서 소외된 사람들입니다. 이들의 서바이벌 게임은 무한 경쟁에서 뒤처

〈자본주의의 전개〉

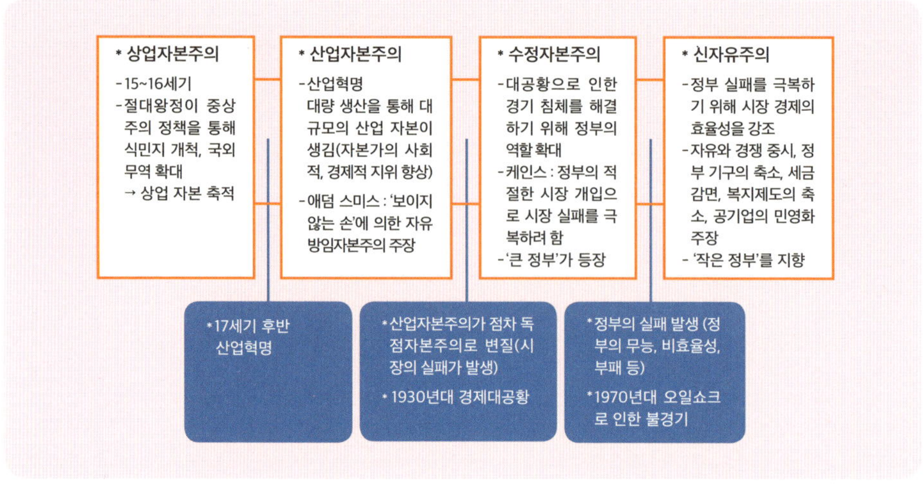

지면 인간다운 대우를 받지 못하는 세상을 풍자한다는 해석이지요. 현대인들을 극한 경쟁으로 몰아넣은 건 '신자유주의'라는 흐름 때문이라고 지적하는 이들도 있습니다.

이들이 이야기하는 신자유주의 흐름이란 무엇일까요? 신자유주의는 자본주의의 여러 가지 모습 중 하나입니다. 오랫동안 많은 나라가 시장의 원칙으로 움직이는 자본주의를 통해 문제를 해결해 왔습니다. 그렇지만 자본주의도 시대와 상황에 따라 그 얼굴이 조금씩 바뀌어 왔지요. 변화의 중요 기준은 '정부가 경제 문제에 얼마나 간섭하느냐'와 관련이 있습니다. 시대마다 국가가 시장의 문제에 일부러 손대지 않고 자연스럽게 놓아둔 경우도 있었고, 반대로 경제 문제를 해결하기 위해 적극적으로 간섭할 때도 있었지요.

산업혁명 이후 나타난 자본주의의 모습은 산업자본주의입니다. 당시에는 '국가가 간섭하지 않고 시장에 모든 걸 맡겨 두어야 한다'는 애덤 스미스의 자유방임주의 사상을 따랐습니다. 정부는 야경이나 치안 등 최소한의 일만 하면서 시장에서 모든 일이 자연스럽게 해결되도록 놓아두었지요.

그러나 1930~1940년대 대공황과 제2차 세계대전을 거친 뒤 이전의 자본주의는 새로운 모습을 갖추었습니다. 시장의 자유를 무한정 강조하다가는 오히려 자본주의의 위기가 온다는 사실을 깨달았기 때문입니다. 빈부격차가 커졌고, 노동자와 농부들은 상품을 살 여유가 없었지요. 그렇다 보니 물건이 잘 팔리지 않아 기업 역시 생산할 힘을 잃는다는 걸 알게 되었지요. 유럽과 미국 등 많은 자본주의 국가들이 이때부터 국민에게 최소한의 삶의 질을 보장하기 위해 법을 만들었습니다. 시장에서의 지나친 경쟁과 자유를 제한하는 제도도 만들었지요. 이처럼 인간답게 살 수 있는 삶의 기본 조건을 국민에게 보장해 주기 위해 일하는 국가를 복지 국가라고 부릅니다.

특히 영국이나 프랑스 등 유럽 국가들은 국민의 전 생애를 편안하게 보장하는 복지 국가를 만드는 데 앞장섰습니다. 직업, 소득, 연령에 관계없이 모든 국민의 행복을 보장해 주려 노력했지요. 결혼하거나 임신해도, 아이를 키우거나 가족 중 누군가 죽음에 이르렀을 때도 사람들은 각종 수당을 받을 수 있었습니다.

그러나 1970년대 들어 이러한 자본주의의 흐름에도 변화가 찾아옵니다. 세계 경제 상황이 다 함께 나빠지고 있었기 때문입니다. 1980년대에 중동에서 전쟁이 일어나자 석유 가격이 올라가고, 그에 따라 석유로 만든 상품의 가격도 올라가면서 전 세계 국가의 물가도 치솟았습니다. 심지어 경기까지 나빠져 일자리가 줄어드는 최악의 상황이 벌어졌지요.

이때 애덤 스미스처럼 다시 시장의 경쟁과 자유를 강조하는 경제학자들이 등장했습니다. 이들은 과거 자유방임 시대와 비슷하게 정부의 간섭을 줄이고 시장을 자유롭게 놓아두자는 주장을 펼쳤습니다. 이러한 경제 사상을 새로운 자유주의, 즉 신(新)자유주의라 부릅니다.

시장의 자유가 다시 중요해졌다!

신자유주의에 따라 새로운 정책을 펼치는 정치가들도 나타났습니다. 영국 최초의 여성 수상 마거릿 대처가 대표적입니다. 1979년 수상이 된 그는 당시 석탄 산업이 저물어 가며 이익을 내지 못하는 탄광을 없애려 했습니다. 한순간에 일자리를 잃을 입장이 된 석탄 노조(노동조합)는 파업하며 강력하게 반대했지만, 대처는 군대를 동원해 진압하는 등 강력하게 대응했지요.

미국의 대통령이었던 로널드 레이건 역시 신자유주의를 따르는 정치인이었습니다. 시장의 경쟁과 자유로운 경제 활동을 보장한다는 명목 아래 정부의 간섭을 줄이는 방향으로 정책을 바꾸어 나갔습니다. 세금을 줄이고 기업에 대한 규제를 줄였고, 복지 분야에 들어가는 정부 지출도 축소했습니다. 하는 일이 줄어들면서 정부의 크기도 점차 작아졌습니다.

신자유주의시대에 들어서자 세계 각국 정부는 국가의 규제를 줄였습니다. 그리고 전기, 은행, 철도 등 국가가 소유하고 운영하던 산업을 민영화했습니다. 공기업을 민간이 운영하는 기업으로 바꾼 것입니다. 또 노조의 힘을 약하게 만들었고, 사회 보장에 들어가는 돈

탄광 폐업에 반대하는 런던 광부 파업 집회

을 줄이기도 했지요. 이뿐만 아니라 경제를 살리기 위해서는 기업의 힘을 키워야 한다고 생각했기 때문에 기업에 대한 규제 및 투자자와 기업체의 세금을 줄여 주기도 했습니다.

1980년대 후반부터 신자유주의는 강력한 힘을 발휘하기 시작했습니다. 미국을 비롯해 자유무역을 중요시하는 나라들은 1995년부터 자유로운 국제 무역을 이끌어 갈 국제기구로서 '세계무역기구(WTO)'를 만들기도 했습니다. 무역의 관세를 낮추고 투자 자금이나 자본이 자유롭게 이동할 수 있도록 돕는 것이 역할이었지요.

신자유주의와 자유로운 무역을 통해 전 세계의 노동과 자본 등이 자유롭게 이동하는 시대가 왔습니다. 이른바 '세계화 시대'가 시작된 것입니다.

정부의 역할을 줄이면 풍요가 찾아올까?

기업이 자유롭게 활동하고 세계화로 각국의 무역이 활발해지면서 사람들의 삶은 윤택해졌을까요? 물론 일시적으로 국가 경제는 효율성을 되찾았고, 경제 상황도 제자리를 되찾았습니다. 그러나 신자유주의는 커다란 문제도 함께 불러왔습니다. 세계화로 해외로 나간 기업들이 더 값싼 노동력을 구할 수 있게 되면서 고용 안정성이 흔들렸지요. 기업과 신자유주의 학자들은 이를 '노동 시장의 유연화'라고 표현했지만, 자세히 들여다보면 고용주가 노동자를 '해고하기 쉬운' 분위기가 마련된 것이었습니다. 안정적인 일자리가 줄어들고 비정규직이나 파트타임 같은 일자리가 늘어났습니다.

공기업 민영화도 비슷한 문제를 불러일으켰습니다. 국민들에게 꼭 필요한 분야를 민간 기업이 효율적으로 운영할 수 있게 되어 좋아진 면도 있었지만, 불편한 상황을 만드는 경우도 생겼습니다. 2000년 볼리비아 정부가 코차밤바라는 도시의 상하수도 회사 운영권을 미국 기업에 팔고 나서 수도세를 월 평균 35퍼센트씩 올렸고, 얼마 안 가 물값은 3배가 되었습니다. 당시 도시 주민들의 한 달 생활비가 7만 원 정도였는데 수도 요금만 2만 원가량 나오는 상황이었지요. 전기, 수도, 철도 같은 국민의 삶에 중요한 영역을 이윤 추구를 목적에 둔 민간 기업이 맡으면서 가격이 뛰거나 서비스가 형편없어진 겁니다.

기업 활동에 대한 규제가 줄어들면서 대기업들은 힘을 키워 글로벌 기업이 되었습니다. 그렇지만 그들이 배를 불린 만큼 노동자에게 그 몫이 고르게 주어지지는 않았지요. 아직 국내 산업을 보호해야 하는 개발도상국에 글로벌 기업의 자본이 끼어들었고, 기존에 있던 국내 기업은 자립해서 경제력을 키워 나갈 힘을 잃었습니다. 나라 간에도 빈부격차가 심각해졌지요. 이렇게 신자유주의가 널리

퍼지면서 전 세계적으로 나라 및 개인 사이의 경제적 불평등이 심
해졌습니다. 시장의 자유를 인정하자는 취지는 좋았으나 결국 빈부
격차가 심해지고 가난한 이들의 삶이 어려워진 것입니다.

이렇게 신자유주의시대를 지나는 동안 차곡차곡 쌓인 빈부격차
문제는 코로나19를 계기로 그 모습을 드러냈습니다. 코로나 바이러
스는 평등하지 않았던 것이지요. 이러한 시점에 UN 사무총장의 말
은 의미심장하게 다가옵니다.

코로나19는 마치 엑스레이처럼 우리 사회의 연약한 골격에 생긴 골
절을 보여 준다. 곳곳에 퍼져 있는 거짓과 오류가 드러나고 있다.
시장의 자유가 모든 사람에게 의료 서비스를 제공할 수 있다는 거
짓말, 무급 돌봄은 노동이 아니라는 허상, 인종 차별이 종식된 세상
에 살고 있다는 망상, 우리 모두 한배를 타고 있다는 환상의 민낯
이 밝혀졌다. 우리는 같은 바다에 떠 있지만 분명히 누군가는 럭셔
리 요트에 타고 있고 누군가는 표류하는 잔해를 붙잡고 있다.

―UN 사무총장 안토니우 구테흐스

미국의 비싼 코로나 치료비에는
어떤 비밀이 숨어 있을까?

2020년 코로나19 치료를 받은 미국의 한 여성의 소식이 화제가 되었습니다. 이 여성은 가슴 통증이 느껴지고 열이 나서 세 번 병원을 방문했고, 결국 코로나19 확진 판정을 받았습니다. 그리고 코로나19 진단 검사 비용은 907달러(약 110만 원), 치료비로 청구된 금액은 3만 4972달러(약 4280만 원)였지요. 여성은 "이 돈을 갚으려면 10년은 더 걸릴 것"이라며 SNS에 자신의 처지를 호소했습니다. 그의 이야기는 코로나19로 병원에서 20일 가까이 치료를 받았어도 치료비가 4만 원이었던 우리니리의 사례와 비교해 보노뇌기도 했습니다

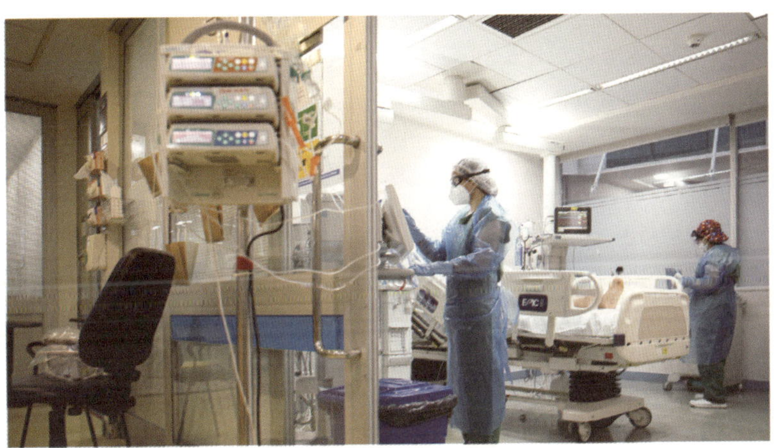

코로나19 환자를 치료하는 의료인들

어째서 이런 일이 벌어진 것일까요? 이 여성이 미국에서 의료보험에 가입해 있지 않기 때문입니다. 우리나라에서는 돈을 버는 사람이라면 대부분 국가에서 운영하는 의료보험제도에 의무적으로 꼭 가입하게 되어 있습니다. 그러나 미국의 의료보험제도는 국가가 아닌 민간 기업이 운영합니다. 기업마다 의료보험비도 보장하는 범위도 제각각이지요. 직장에 다니는 사람들은 회사에서 의료보험에 가입하기 쉽지만, 그렇지 못한 경우 비싼 의료보험료 때문에 아예 가입하지 않은 사람이 많습니다. 보험을 들었음에도 이윤 추구가 주요 목적인 민간 보험사들이 최대한 보험금을 주지 않으려고 하다 보니 아파도 제때 치료받지 못하는 이도 많습니다.

이런 상황에서 개인에게는 어떤 문제가 생길까요? 한국에 사는 우리는 가벼운 감기나 충치를 때우는 등의 간단한 치료 때문에 가난해질 거라고 걱정하지 않습니다. 그러나 미국에서 의료보험 미가입자들은 치과 치료를 받거나 아이를 낳기 위해 제왕절개 수술을 받는 데 수천만 원의 돈을 부담할 위험을 안고 살아갑니다. 특히 치과 치료는 가장 돈이 많이 들기 때문에 스스로 치료하거나 봉합을 위한 치과 보조 기구를 편의점에서 파는 웃지 못할 일도 있지요.

이런 의료보험 문제를 해결하기 위해 대통령이었던 버락 오바마 정부는 2014년 '오바마 케어 정책'을 만들었습니다. 모든 국민이 민간 보험에 가입하는 걸 의무화하고, 대신 소득이 적은 사람들에게 보조금을 지급해 준 것입니다. 덕분에 의료보험 가입률이 올랐지만, 여전히 미국 인구의 약 8.5퍼센트 정도는 의료보험에 가입되어 있지 않은 상황입니다.

더 큰 문제는 코로나19 이후에 벌어졌습니다. 코로나19 때문에 실업자가 늘어나면서 직장을 통해 의료보험에 가입한 이들은 의료보험마저 잃게 될 처지에 놓였기 때문이지요. 미국의 현실은 국민의 삶에 큰 영향을 끼치는 의료 분야가 민영화되었을 때 생기는 문제를 보여 줍니다. 의료뿐 아니라 전기, 수도 등 국민의 생활에 큰 영향을 끼치는 분야에서 민영화를 신중히 고민해야 하는 이유를 깨달을 수 있지요.

3장
기본소득,
시험대에 오르다

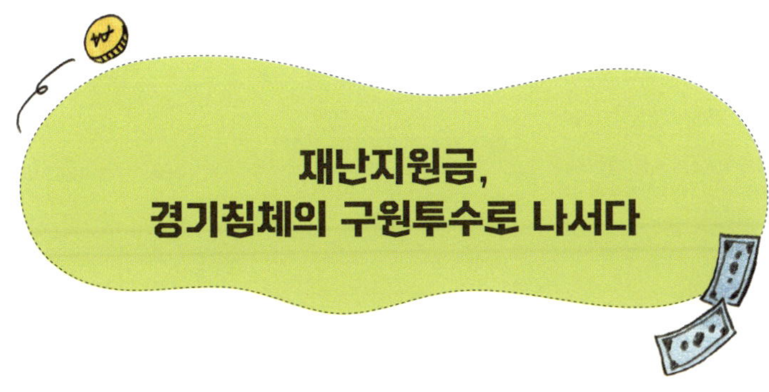

나라 곳간을 열게 만든 감염병

만야 훗날 2020년이 역사책에 기록된다면 '코로나19의 해'로 불리지 않을까요? 2020년 초에 등장한 코로나19 바이러스는 전 세계인의 움직임을 멈추었습니다. 전염병의 확산을 막기 위해 각 나라는 국경을 닫았고, 사람들의 이동을 금지하거나 제한했지요. 한국도 예외는 아니었습니다. 이동이 어려워지자 그동안 당연하게 누리던 생산 활동, 소비 활동, 해외여행이 줄었습니다. 이 때문에 경제적인 어려움을 겪는 사람들이 나타났지요.

코로나19 사태가 본격적으로 시작된 지 얼마 되지 않아 나빠진 경제 상황은 숫자로 드러났습니다. 통계청의 조사에 따르면, 코로나

19가 처음 확산되던 2020년 초 소비 지출은 6.5퍼센트 줄어들었습니다. 20~30대 청년층의 일자리가 눈에 띄게 줄어들었다는 발표도 이어졌지요.

그해 5월 대한민국 정부는 전 국민에게 '긴급재난지원금'을 나누어 주겠다고 발표했습니다. 지금껏 존재하지 않던 새로운 형태의 지원금이었습니다. 이전까지 정부가 국민에게 대가 없이 돈을 지원해 줄 때는 경제적으로 상황이 어려운 대상에 한하는 경우가 대부분이었습니다. 그렇지만 당시 정부가 나누어 준 1차 긴급재난지원금은

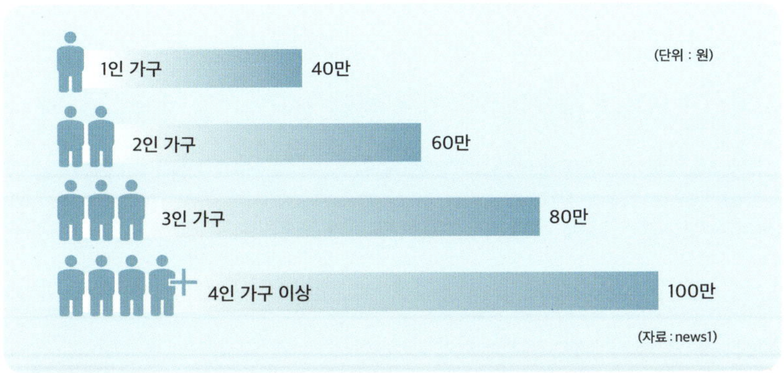

전 국민을 대상으로 아무 조건 없이 지급되었지요. 4인 가구 기준 평균 100만 원 정도의 돈을 지원했고, 국민들은 이 돈을 지역화폐나 카드를 이용하여 소비했습니다.

비단 우리나라의 이야기만은 아닙니다. 비슷한 움직임이 전 세계적으로 나타났지요. 코로나19라는 위기 상황이 닥치자 국민에게 현금을 지급하는 나라가 늘었습니다. 미국은 2020년부터 2021년까지 세 차례에 걸쳐 개인에게 돈을 지급했습니다. 3차 지원금의 경우, 성인은 소득에 따라 최대 1400달러(약 160만 원)까지 지급받을 수 있었지요.

이렇듯 전 세계 주요 국가들이 국민에게 돈을 나누어 준 까닭은 무엇일까요?

역사 속에서 재난이 발생했을 때

역사적으로 오래전부터 국가적 재난이나 어려움이 닥쳤을 때 국가가 백성을 도와주는 제도가 존재했습니다. 우리나라의 경우 고려시대와 조선시대에 있었던 견감(蠲減)제도를 예로 들 수 있지요. 흉년이 들거나 자연재해가 발생했을 때 형편이 어려워진 백성들의 세금을 줄여 주는 제도였습니다.

또 함경도에 전염병이 돌아 3000명 이상이 사망하자 세종대왕은 이곳 백성들에게 면포 5000필을 나눠 주기도 했습니다. 숙종은 전염병, 홍수 등 잇단 재해로 제주도 백성들의 생활이 어려워지자 진휼미를 보냈다는 훈훈한 기록도 남아 있지요. 이처럼 국가 차원에서 재난을 당한 사람이나 가난한 이들에게 구제 물품 등을 보내 주는 제도를 구휼(救恤)제도라고 불렀습니다. 주로 정부에서 백성들의 상황을 안타깝게 여겨 생계를 도와주는 제도를 말하지요. 뜻하지 않은 사건으로 생계유지가 힘들어진 백성을 적극적으로 돕고자 하는 나라의 의지가 담겨 있습니다.

오늘날의 긴급재난지원금 또한 규휼제도처럼 국민을 안쓰럽게 여긴 국가에서 베푸는 것으로 볼 수 있을까요? 물론 그런 의미를 찾아볼 수도 있겠지만, 경제적으로 살펴보면 또 다른 의도를 발견할 수 있습니다.

무릇 재물은 우물과 같다. 우물은 퍼서 쓸수록 자꾸 채워지고, 이용하지 않으면 말라 버리고 만다. 비단옷을 입지 않으니 나라 안에 비단 짜는 사람이 없어지게 된 것이고, 이로 인해 여공(女功)이 없어진다. 비뚤어진 그릇을 탓하지 않으니 일에 기교가 없어지고, 나라에 공장과 도야가 없어지고, 또한 일에 대한 기술과 재주가 없어질 것이다.

조선시대 실학자 박제가가 『북학의』(1778)에서 펼쳤던 '우물론'의 내용입니다. 우물물은 사람들이 적절히 퍼내고 사용해야 나시 신선한 물도 채워지고, 물맛도 좋아집니다. 우물을 오랫동안 쓰지 않을수록 오히려 물이 말라 버리는 부작용이 일어나지요.

그런데 박제가는 단순히 우물에 대한 이야기를 한 것이 아닙니다. 국민들이 적절히 소비하지 않으면 나라의 경제 발전이 이루어지지 않음을 지적한 것이지요. 오늘날에도 적용해 볼 수 있는 이야기입니다. 기업이 물건

우물론을 주장했던 박제가

을 만들어도 사람들이 이를 사용하지 않으면 재고가 되어 쌓입니다. 어려운 상황이 계속되면 기업은 문을 닫게 되고 결국 실업자가 늘어나지요.

일자리가 줄어들면 어떤 문제가 생길까요? 실직한 이들은 지갑 사정이 불안하니 소비를 더욱 줄입니다. 그러면 또다시 기업에는 팔리지 않는 재고가 쌓이고, 장사가 되지 않아 휴업이나 폐업을 하는 자영업자도 늘어납니다. 이런 식으로 악순환이 계속되면 국가 경제에 심각한 위기가 오기 쉽습니다. 소비가 잘 이루어지지 않으면 가게를 운영하거나 관광 산업에 종사하는 사람, 일자리가 줄어들어 직장에서 나온 사람들은 직접적으로 피해를 입습니다.

〈경기 침체의 악순환〉

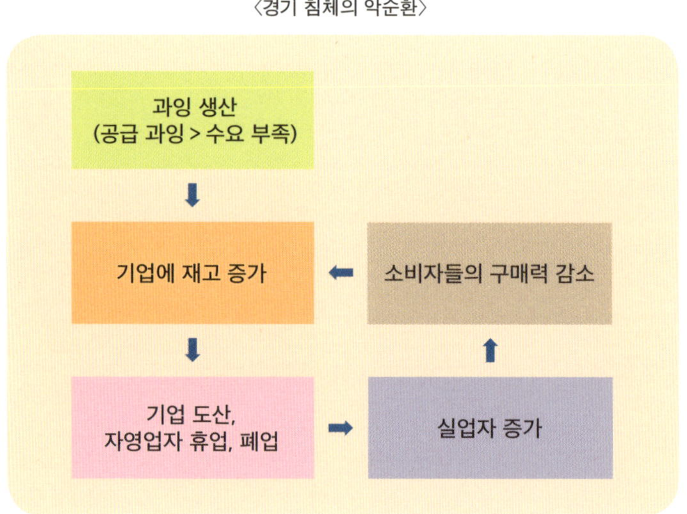

대공황 당시 무료 급식소 앞에 줄을 선 실업자들

실제로 미국에서 역사상 가장 심각한 경기 침체인 대공황이 일어 났을 때, 비슷한 일이 벌어졌습니다. 캘리포니아주에서 농장 주인 들은 팔리지 않아 값이 형편없이 떨어진 오렌지를 땅에 묻었습니 다. 하지만 농장 밖에서는 영양실조에 걸린 사람들이 땅을 파고 농 장 안에 있는 오렌지를 훔쳐 먹으려다 경비원의 총에 맞아 죽거나 감옥에 갇히는 어처구니없는 일도 벌어졌지요. 생산량은 넘쳤으나 소비가 활발하지 않은 상황 때문에 시작된 경제 위기가 심각해졌 습니다. 1933년에는 미국 전체 근무자의 약 30퍼센트에 해당하는 1500만 명 이상이 일자리를 잃기도 했습니다.

대공황 당시 박제가와 비슷한 맥락의 의견을 내세운 사람이 있었 습니다. 영국 경제관료 출신의 경제학자 존 메이너드 케인스였습니다. 그는 심각한 대공황 상황을 극복하기 위해 빈 항아리에 돈을 가득 담아 땅속에 묻어 두고, 사람들이 항아리 속 돈을 마음대로 퍼 가도록 해야 한다는 주장을 펼쳤지요. 사람들의 소득과 구매력이 뒷받침되어야 소비가 가능해지고 경제에 활기가 돈다는 의견을 '항아리 묻기'에 비유한 것입니다.

국가 경제의 흐름은 혈액이 순환하는 것과 비슷합니다. 피가 원활하게 돌아야 우리의 몸이 제대로 기능하는 것처럼 국가 경제 역시 생산, 소비, 투자가 원활하게 이루어짐으로써 시중에 돌아다니는 돈의 흐름이 뚫려 있어야 제대로 굴러갈 수 있습니다. 즉, 소비와 생산, 투자 활동을 통해 자금이 원활히 돌지 못하고 부족한 상태가 계속되면 국가 경제도 한순간에 무너지기 쉽습니다. 마치 혈액이 부족한 상태가 이어지면 우리 몸이 쓰러지는 것과 마찬가지입니다.

이를 막기 위해 케인스는 먼저 사람들에게 일자리를 찾아 주고 소득을 늘려 줘야 한다고 주장했습니다. 일단 주머니가 두둑해져야 소비가 늘어나고, 덕분에 기업도 생산을 더 많이 하고 투자도 활발히 이루어진다는 것입니다. 경기가 더 나빠지는 악순환의 고리를 중간에 끊어 주고 피를 공급하는 것과 같습니다.

당시 미국의 대통령이던 프랭클린 루스벨트는 케인스의 의견을 받아들였습니다. 케인스의 생각을 바탕으로 루스벨트 정부는 엄청난 규모로 도로와 댐을 만들면서 국민들에게 일자리를 주었습니다.

농민과 노동자의 기본적인 생활을 도와주는 법도 만들었지요. 사람들의 주머니가 두둑해져서 자연스럽게 소비가 늘어나도록 만든 겁니다. 이것이 자본주의 역사에서 중요한 변화의 시작점이 된 '뉴딜(New Deal) 정책'입니다.

각국에서 지급한 재난지원금 역시 이러한 논리에 밑바탕을 두고 있습니다. 코로나19로 경제 위기가 심각한 상황에서 긴급재난지원금을 전체 가구에 지급함으로써 사람들의 소비를 돕고 경기 침체를 막으려 한 것이지요. 즉, 재난지원금에는 경기 침체 문제를 해결하려는 정부의 의도가 숨어 있습니다.

정부의 긴급 헌혈, 재난지원금은 효과를 보았을까?

경기 침체를 막기 위해 취한 긴급 조치인 재난지원금은 제대로 효과를 보았을까요? 긴급재난지원금이 지급된 뒤 실제로 소비가 늘어난 것으로 나타났습니다. 사람들은 식료품 및 음식을 사거나 병원에 가는 등 다양한 분야에서 소비했지요. 지원금 지급 이후 카드사의 매출이 높아졌다는 결과가 나오기도 했습니다. 코로나19로 줄어들었던 가계 소비가 전 국민에게 1차 긴급재난지원금이 지급된 5월 이후 회복되기 시작했다는 연구 결과도 있습니다.

반면 재난지원금의 효과를 반박하는 의견도 있습니다. 재난지원금이 주어진 당시에만 반짝 효과가 있었을 뿐 쓴 돈에 비하면 그 효과가 터무니없이 작다는 분석이었습니다. 국내 소비 활성화를 위해 14조 2000억 원이 들었는데, 신용카드와 체크카드 매출은 그 절반에도 못 미치는 4조 원밖에 늘지 않았다며 재난지원금이 비효율적이라는 평가를 내린 언론도 있습니다.

이뿐만 아니라 1차 긴급재난지원금을 '전 국민'에게 나눠 준 것에 대해 의문을 제기하는 사람들도 있었습니다. 차라리 코로나로 인해 생활이 어려워진 사람들에게 돈을 나눠 주는 것이 낫지 않겠냐는 의견이 나왔지요. 이 때문에 2차 재난지원금부터는 소상공인, 자영업자 등 대상을 선별해 지원해 주기 시작했습니다.

다양한 논의가 오간 건 사실이지만, 긴급재난지원금은 사람들의 관심을 새로운 곳으로 향하게 만들었습니다. 전 가구가 정부로부터 대가 없이 일정한 소득을 받은 것은 새로운 경험이었습니다. 자연스럽게 이 경험은 기본소득에 대한 관심으로 이어졌습니다. 긴급재난지원금은 기본소득과 달리 일정한 주기로 주어진 게 아니라는 차이가 있기는 합니다. 그러나 국가가 일정한 소득을 나누어 주었고, 그 돈으로 소비를 한다는 건 확실히 새로운 일이었지요. 이는 사람들이 기본소득에 대한 찬성과 반대의 입장을 더 자세하게 살펴보는 계기가 되었습니다.

헬리콥터가 내 머리 위에
돈을 뿌린다면?

어느 날 우리 동네 하늘에 헬리콥터 하나가 날아와 엄청나게 많은 5만 원짜리 지폐를 뿌린다면 어떤 일이 벌어질까요? 동네 사람들이 모두 밖으로 나와 급하게 돈을 주울 가능성이 높지요. 지폐를 한가득 담아 집으로 돌아간 사람들의 다음 행동은 무엇일까요? 성실하게 돈을 저축하는 사람도 있겠지만, 공짜 돈을 얻었다는 기쁨에 치킨이나 소고기 등 먹고 싶은 음식을 사 먹거나 그동안 구매를 망설였던 물건을 사는 사람도 있을 것입니다.

헬리콥터가 공짜 돈을 뿌린다니, 허황된 상상이라고 생각할지도 모릅니다. 그렇지만 이 이야기는 단순한 상상이 아닙니다. 50년 전 경제학자 밀턴 프리드먼이 했던 이야기지요.

그는 왜 이런 엉뚱한 상상을 가정했을까요? 프리드먼은 경제 위기가 생겨 기업이 무너지고 실업률이 올라가서 일자리를 잃은 사람들의 소득이 줄어들 때, 헬리콥터에서 돈을 뿌리듯 국가가 사람들에게 돈을 나누어 줘야 한다는 주장을 펼쳤습니다. 이를 '헬리콥터 머니'라고 합니다.

그는 1929년부터 시작되어 1930년

헬리콥터 머니를 주장했던 밀턴 프리드먼

대에 많은 사람들이 굶주림과 실업에 시달렸던 대공황을 기억했습니다. 기업이 무너져 실업률이 높아지고 사람들의 수입까지 줄어들면 시장에 돈이 원활하게 돌기 어렵습니다. 이때 중앙정부가 은행의 이자율을 낮출 필요가 있다고 주장했습니다. 이자율이 낮아지면 사람들은 예금을 줄이고 대출을 늘립니다. 덕분에 시중에 돈이 풀리는 효과가 나면서 사람들이 그 돈으로 상품을 사고 수요가 늘어나 위기에서 벗어날 수 있다고 보았지요.

당시 사람들은 이 이야기에 크게 공감하지 않았습니다. 돈을 풀면 흔해진 화폐 가치가 떨어질 수 있고, 사람들이 상품을 많이 사서 물가가 급격하게 오를 수 있기 때문입니다. 그렇지만 2008년 미국에서 집값이 떨어지고 금융기관이 무너지는 금융 위기가 왔을 때 프리드먼의 의견을 바탕으로 경기 침체를 벗어날 수 있었습니다. 미국의 중앙은행인 연방준비은행은 경제 정책을 결정하는 기관입니다. 이 기관에서는 어려운 경제 상황을 벗어나고자 국가의 모든 이자율의 기준이 되는 기준 금리를 2.5퍼센트에서 0.25퍼센트까지 낮추었습니다. 그렇지만 이때 돈이 풀리면서 부동산이나 주식 가격만 올라가 재산을 가진 이들이 이득을 보았고, 사회 불평등만 더욱 심해졌다는 이야기도 나옵니다.

그리고 2020년, 코로나19 때문에 또다시 경제 위기가 오자 이자율을 낮춘 것뿐 아니라 각국 정부는 국민들에게 직접 돈을 나누어 주기 시작했습니다. 헬리콥터 머니는 경기가 어려워지는 것을 막지만, 물가나 자산 가격이 올라가는 부작용을 낳을 가능성도 존재합니다. 앞으로 헬리콥터 머니의 영향력이 경제에 좋은 영향을 끼칠지 악영향을 끼칠지 지켜볼 필요가 있습니다.

기본소득이 있으면 게을러질까 VS 의욕이 생길까

개미와 베짱이에게 기본소득이 주어진다면?

이솝 우화 「개미와 베짱이」는 어릴 때부터 들어 온 익숙한 이야기입니다. 추운 겨울에 대비해 부지런하고 근면 성실하게 일한 개미와 일하지 않고 노래 부르며 한가롭게 시간을 보낸 베짱이의 태도가 자주 비교되고는 하지요. 겨울이 오자 베짱이는 배고픔에 시달리다 개미에게 음식을 구걸하는 처지가 됩니다. 개미가 베짱이에게 음식을 주며 게으른 태도를 고치라고 말하며 끝나지요. 이 이야기는 근면하고 성실한 삶의 자세를 갖추고 노력해야 한다는 교훈을 줍니다.

그런데 최근에는 개미와 베짱이 이야기를 새로운 시선으로 보는 이들도 있습니다. '부지런한 개미의 행동이 옳고, 게으른 베짱이의 태도는 바람직하지 않다'는 오래된 공식에 의심의 눈초리를 보내는 경우도 있지요. 개미형 인간은 늘 열심히 일해야 했기 때문에 인생을 즐기는 베짱이형 인간보다 행복하지 않았을 것이라 반론을 제기하는 사람도 있습니다.

만약 개미와 베짱이 모두 처음부터 매달 누군가가 주는 식량을 받아 공짜로 먹을 수 있게 된다면 어떤 일이 일어날까요? 개미는 베짱이처럼 게을러질까요? 아니면 의욕을 가지고 더 열심히 일하게 될까요?

기본소득은 베짱이형 인간을 만든다!

1970년대 말 영국 런던 거리에는 쓰레기 더미가 넘쳐났습니다. 추운 겨울에 얼어붙은 쓰레기에서 고약한 냄새가 났고 쥐가 들끓었지요. 병원에서는 시신이 방치되는 일도 있었습니다.

런던에서 벌어진 대규모 파업으로 인해 펼쳐진 풍경이었습니다. 제2차 세계대전 이후 영국 정부는 "요람에서 무덤까지"라는 구호를 내걸고 각종 휴가와 조기 퇴직을 보장해 주고 풍족한 연금을 나눠 주던 나라였습니다. 그런데 국민을 위한 복지 혜택은 도리어 부

1979년 영국의 총파업으로 인해 펼쳐진 거리의 풍경

자용을 불러왔습니다 '실업이 가장 좋은 직업'이라는 말이 나돌 정도로 사람들은 일할 의지를 잃어버렸고, 결국 생산성이 떨어졌습니다. 이를 영국병(British Disease)이라는 말로 부르기도 하지요. 당시 영국은 300만 명의 실업자가 생길 정도로 심각한 경기 침체를 겪었습니다.

나라의 경제 사정이 버티기 힘들 정도로 나빠지자, 당시 영국의 권력을 쥐고 있던 노동당 정부는 임금이 오르는 비율을 5퍼센트 이내로 제한했습니다. 노동자들은 정부의 정책에 분노했고, 각종 노동조합은 임금 상승 제한 정책에 반대하는 총파업을 벌였습니다. 쓰레기 청소부와 장의사 등 다양한 공공 부문의 노동조합이 파업에 참여하면서 앞서 이야기한 바와 같은 혼란스러운 겨울이 이어졌지요. 이 겨울을 영국 사람들은 불만의 겨울(Winter of Discontent)이라 부릅니다.

기본소득에 반대하는 이들은 이때 나타났던 영국병과 같은 역사를 반복하지 않아야 한다고 주장합니다. 공짜로 돈을 주면 일할 의욕이 떨어져 경기 침체와 혼란이 온다는 논리입니다. 매달 공짜 돈이 생길 경우, 일하지 않아도 생계유지가 가능해집니다. 그러면 일할 형편이 되지 않는 사람뿐 아니라 신체 건강하고 충분히 일할 수 있는 사람 역시 일자리를 찾지 않는다는 것이지요. 사람들의 근로 의욕이 떨어지면 제대로 된 소비나 생산, 투자가 어려워지고 경기도 나빠질 수 있습니다. 그래서 그들은 기본소득의 실시로 인해 베짱이형 인간이 늘어날 거라고 걱정합니다.

이 의견을 뒷받침하기 위해 기초생활보장제도를 예로 들기도 합니다. 기초생활보장제도의 지원을 받는 경우에도 일해서 소득이 생기면 오히려 수급자 기준에서 탈락해 국가의 도움을 받지 못하게 되는 경우가 많습니다. 일자리를 구하더라도 벌어들이는 수입이 국가가 지원하는 금액보다 적은 일도 발생하지요. 그래서 일하기보다는 국가의 지원에 계속 기대게 된다는 이야기입니다.

기본소득 역시 일할 의욕을 꺾어 놓고 사람들을 게으르게 만들 수 있다고 말합니다. 기초생활보장제도의 문제점을 보아도 근로 의욕이 떨어지는 건 쉽게 알 수 있는데 이런 상황에서 기본소득까지 보장해 주는 건 옳지 않다고 주장하지요. 사람들에게 공짜 월급을 나누어 주기보다 일할 의욕을 북돋아 스스로 자립하게 만드는 다른 방도를 찾아야 한다고 이야기합니다.

기본소득은 사람들을 의욕적으로 만든다!

기본소득에 찬성하는 이들은 이러한 의견에 반박합니다. 현실적으로 나라 살림이 넉넉하지 않은 이상 기본소득이 한 사람의 생활을 전부 해결할 정도의 금액이 못 된다는 사실을 언급합니다. 예를 들어, 국가에서 50만 원 정도의 돈만 기본소득으로 매달 나눠 줄 경우 당장 일을 관두고 집에서 놀고먹을 사람이 얼마나 많겠냐는 이야기지요.

50만 원은 한 사람의 생계를 전부 책임질 수 있을 만한 금액이 아닙니다. 따라서 기본소득으로 필요한 기초적인 물품을 사고 추가로 돈을 더 벌기 위해 더 노력할 수 있게 된다는 논리를 펼치지요. 일하지 않아도 일정한 소득이 보장될 때 오히려 사람들은 그대로 놀고먹거나 돈을 펑펑 쓰지 않고 자신이 원하는 것을 의욕적으로 찾을 것이라는 생각도 있습니다.

1970년대 미국과 캐나다의 여러 지역에서 기본소득 실험이 소규모로 이루어진 적이 있습니다. 이렇게 실험을 실시한 데에는 이유가 있습니다. 사실 실험 이전에 미국에서는 기본소득을 나라에서 제대로 지급하려는 움직임이 있었습니다. 1969년 당시 미국의 대통령이었던 리처드 닉슨은 자녀가 있는 모든 가구에 연 1600달러(현재 가치 기준 1만 1000달러, 약 1340만 원)를 지급하는 '가족부조계획'이라는 제도를 만들려고 했지요.

이 제도는 미국 의회에서 하원까지는 통과했지만 상원에서 결국 반대에 부딪쳐 통과되지 못했습니다. 가족 보조 프로그램을 실시해 공짜로 돈을 주면 사람들이 일할 의욕을 잃기 쉽다는 것이 이유였습니다.

이 법이 통과되지 못하자 사람들의 머릿속에는 의문이 생겼습니다. 기본소득을 나누어 주면 정말 사람들의 노동 의욕이 떨어질지 궁금했지요. 그리고 미국과 캐나다의 여러 지역에서 기본소득의 영향을 밝히려는 실험이 곳곳에서 이루어졌습니다.

실험은 소득의 기본선을 정하고 이에 미치지 못하는 가족에게 보조금을 나누어 주는 방식으로 진행되었습니다. 가령 어떤 가족의 소득이 일정 수준에 미치지 못하면 그 부족한 금액만큼을 국가에서 도와주는 식이었지요. 미국의 뉴저지주와 인디애나주의 서북부 도시 게리에서는 각각 소득이 1300, 1800달러인 가구에 3년 동안 보조금을 나누어 주었습니다. 시애틀과 덴버에서도 809가구에게 무려 20년 동안 기본소득을 주었지요.

실험 결과는 어떻게 나타났을까요? 대부분의 도시에서 기본소득을 준 가구 중 노동 시간이 크게 줄어든 경우는 많지 않았습니다. 뿐만 아니라 기본소득을 준 가구들의 주택 소유 비율도 높아졌고, 영양 상태가 좋아졌으며, 자녀들의 학교 출석률도 올라가는 등의 효과가 있었습니다. 기본소득이 사람들의 일할 의욕을 줄이지 않고 삶의 질을 개선하는 데 도움이 되었음을 확인할 수 있었습니다.

미국에서는 최근에도 기본소득 실험이 이루어진 적이 있습니다. 캘리포니아주에 있는 스톡턴은 빈곤과 범죄로 유명한 도시입니다. 돈이 부족해 도시가 파산했을 정도로 가난한 지역이지요. 이 도시의 정부에서는 2019년 2월부터 1년 6개월간 무작위로 선정한 주민 125명에게 매달 500달러(약 61만 원)를 주고 사람들의 삶이 어떻게 변했는지 살펴봤습니다.

돈이 지급되고 2년 뒤 조사한 바에 따르면, 사람들은 기본소득을 주로 음식을 사는 데 썼습니다. 전기세나 수도세 등을 내는 데 쓴 사람도 있었지요. 하지만 담배나 술 등에 무분별하게 돈을 지출한 비중은 1퍼센트도 되지 않았습니다. 돈을 받은 후 일자리를 그만둔 사람도 많지 않았습니다.

흥미로운 것은 기본소득을 받은 사람들 중 안정적인 일자리를 구한 사람의 비율이 28퍼센트에서 1년 후 40퍼센트로 늘었다는 사실입니다. 원래 파트타임으로 불안한 직업을 전전하던 사람들이 돈이 생기자 일을 아예 하루 쉬고 더 좋은 전일제 일자리를 위한 면접을 볼 수 있었습니다. 면접에 가기 위한 교통비도 생겨 새로운 일을 구할 수 있었다는 결과도 있습니다.

기본소득을 찬성하는 사람들은 미국의 기본소득 실험을 통해 중요한 힌트를 얻을 수 있다고 말합니다. 공짜 돈을 받는다고 해서 사람들이 쉽게 일을 관두거나 헛되게 돈을 낭비하지 않는다는 사실에 주목하지요. 실험 결과에 근거해 기본소득이 사람들을 무기력하게 만들지는 않을 거라고 주장합니다. 오히려 사람들에게 자신이 원하는 일을 할 수 있는 자유를 선사한다는 논리지요.

개미와 베짱이에 대한 새로운 시선

개미형 인간이 환영받고 베짱이형 인간이 비도덕적이라고 비난받기 시작한 건 언제부터일까요? '근면한 노동'이 바람직한 것으로 생각되기 시작한 건 생각보다 오래된 일이 아닙니다. 오히려 옛날에는 돈을 많이 벌기 위해 지나치게 노력하는 건 죄악에 가까운 일로 여겨졌습니다. 중세시대 서양에서는 지나치게 이윤을 추구하는 것은 오히려 신의 뜻에 어긋나는 일로 생각되었지요.

이런 생각이 조금씩 바뀌기 시작한 건 16세기부터였습니다. 장 칼뱅은 16세기 종교개혁을 이끌던 프랑스 출신의 신학자입니다. 그는 사람의 운명은 신의 섭리에 따라 예정되어 있다고 보았습니다. 뿐만 아니라 신이 부여한 직업에 따라 근면하고 성실하게 살면서 부를 쌓을 경우, 이는 신이 그 사람을 구원해 준 징표라고 이야기했지요. 신의 은총을 확인하기 위해 열심히 일해서 재산을 축적하는 행위도 나쁘지 않다는 주장이었습니다.

칼뱅의 가르침은 많은 신교도(로마 가톨릭으로부터 빠져나와 새로운 기독교의 믿음을 따랐던 사람)에게 영향을 끼쳤습니다. 이전까지 사람들이 믿던 로마 가톨릭에서는 부자가 되고 싶어 노력하는 것이 바람직하지 않은 행위로 여겨졌지만, 칼뱅이 이론은 달랐습니다. 그렇게 자신의 직업에 충실하며 부를 쌓는 것은 오히려 윤리적인 행동이라는 생각이 자리 잡았습니다.

특히 칼뱅의 사상은 주로 영국이나 프랑스 등 서유럽에 널리 퍼졌는데, 그를 따르던 신교도들은 자신의 직업에서 최선을 다해 돈을 벌기 위해 노력했습니다. 경제적 성공을 바람직한 일로 생각했고, 자신이 하는 일의 생산성을 높이려 매진했지요. 자신의 본능적인 욕구를 누르고 검소하고 청렴한 생활을 하는 가운데 열심히 일하면 경제적 성공을 이룰 수 있다고 믿었습니다.

종교 개혁을 이끈 장 칼뱅

칼뱅의 말을 따른 신교도 중에는 부르주아가 많았습니다. 주로 상업, 수공업, 금융업 등에서 일하던 부자 평민 계급이지요. 이들은 칼뱅의 가르침에 따라 재산을 모으기 위해 부지런히 일했습니다. 덕분에 상업과 수공업에서 눈부신 발전이 이루어졌습니다. 신교도들은 자신의 재산을 지키고 늘리는 데도 힘썼습니다. 덕분에 개인의 사유 재산을 인정하고 이윤을 얻는 것을 목적으로 움직이는 자본주의가 빠르게 발전할 수 있었지요. 특히 영국이나 프랑스 등 주로 칼뱅의 예정설을 따르는 신교도가 많이 분포하던 곳에서 자본주의의 발전이 두드러졌지요. 부지런하고 근면한 태도를 강조한 사상이 경제 발전에 도움을 주었음을 알 수 있습니다.

노동 윤리는 언제부터 시작되었을까?

산업혁명 이후에는 농촌에서 올라온 사람들이 노동자가 되었습니다. 자연환경에서 일하던 사람들이 기계 앞에서 규칙적으로 일하는 건 쉬운 일이 아니었지요. 일하는 동안 딴짓하거나 공장 주인이 원하는 만큼 빠르게 움직이지 않는 사람도 있었습니다. 열심히 일하지 않는 노동자들을 부지런하게 만들기 위해서는 겉으로 정해진 규칙 외에도 내면의 규칙, 즉 '윤리'가 필요했습니다.

노동자들 사이에는 '돈을 벌기 위해 열심히 일하는 사람만이 시민의 자격을 가진다'는 생각이 널리 퍼졌습니다. 칼뱅의 사상에 영향을 받은 자본가들이 노동자에게도 노동 윤리를 강조한 결과였습니다. 특히 공장에서 일하며 받는 임금이 유일한 생계 수단이 되면서 이런 생각은 더욱 중요시되었지요.

더불어 공장의 생산 및 기계의 자동 방식에 따라 규칙적으로 출퇴근을 하고, 정해진 규칙 아래 자율적으로 스스로를 통제하는 노동자의 태도가 우월한 것으로 여겨졌습니다. 이러한 상황에서 노동으로 월급을 받지 못하는 사람은 '쓸모없는 사람'이라는 인식이 생겼고, 임금을 받기 위해 열심히 일하지 않으면 '게으르다'는 평가가 내려졌지요. 개미가 사회에서 환영받고 베짱이가 바람직하지 않다는 생각도 일부분 같은 배경에서 시작되었다고 볼 수 있습니다.

물론 근면과 성실은 사회를 잘 돌아가게 만드는 중요한 미덕입니다. 그러나 '먹고살기 위해 임금노동을 해야 한다' '열심히 일하는 사람만이 제대로 살 자격이 있다'는 생각은 가끔 부당한 근무 환경이나 조건을 가리거나 항의하는 걸 막는 데 사용되기도 합니다. 인간의 노동력을 강조하지만, 정작 '인간'에 대해서 잊게 되는 현상이 나타나는 것입니다.

길 위를 떠도는 삶은 게으르기 때문일까?

영화 〈노매드랜드〉는 2021년 아카데미 작품상과 감독상을 수상했습니다. 노매드(Nomad)는 영어로 '유목민'을 뜻하는 말입니다. 한 곳에 정착하지 않고 떠도는 삶을 의미하지요. 〈노매드랜드〉는 제목대로 길 위를 떠도는 사람들에 대한 이야기를 다룹니다.

주인공 클로이는 남편과 사별한 뒤 트레일러를 타고 떠돌아다니면서 일자리를 구합니다. 클로이 같은 사람들이 생존을 위해 찾는 곳은 아마존의 '캠퍼포스'라는 프로그램이지요. 클로이는 영화를 위해 만들어 낸 가상의 인물이지만 캠퍼포스 프로그램은 가상의 이야기가 아닙니다. 아마존은 매년 블랙 프라이데이(Black Friday)나 크리스마스 시즌 등 쇼핑 대란이 일어날 때를 대비해 일시적으로 일할 사람을 모으기 위해서 캠퍼포스를 엽니다. 아마존 창고에서 3~4개월만 일할 임시 인력을 모집하는 프로그램인 셈이지요. 여기에 참여해 일하는 사람들은 주로 중산층에서 몰락해 집을 잃고 떠돌아다

한곳에 정착하지 않고 떠도는 노매드

니는 은퇴 노인이 많다고 합니다. 그들은 자신의 차에서 먹고 자면서 아마존에서 일하고 돈을 벌지요.

캠퍼포스에 참여해 상품에 바코드를 스캔하고 물품을 분류해 택배 상자에 담는 사람들은 교대 근무로 10~12시간 일하면 시간당 15달러와 초과근무수당, 주간 급여, 캠핑장 비용, 전기세 등을 받습니다. 일이 고되지만 일자리를 찾는 이들에게는 귀한 기회라고 할 수 있습니다. 아마존에서 일하지 않을 때에도 이들은 주로 육체 노동 일자리를 찾기 위해 대형마트 주차장이나 교외의 거리, 트럭 휴게소 등을 옮겨 다닙니다.

영화는 2017년에 출간된 동일 제목의 논픽션을 원작으로 하고 있습니다. 원작에서 다루는 시기는 2007년과 2008년입니다. 세계 금융 위기와 서브프라임 모기지(Subprime Mortgage) 사태로 미국 경제가 어려운 시기였습니다. 직장과 집을 잃고 일자리를 찾아 떠돌게 된 이들이 많아진 시기이기도 했지요. 그러나 이 이야기는 현재 진행형입니다. 아마존과 같은 기업의 힘이 커질수록 상품을 오프라인에서 파는 작은 가게나 아마존에 물건을 납품하는 사람들, 아마존에서 일하는 이들은 열악한 상황에 처하게 될 가능성이 큽니다. 임시로 일하는 사람들이기 때문에 일하다가 아프거나 다쳐도 제대로 치료받기 힘든 경우가 많지요. 또 냉난방이 잘되지 않는 곳에서 일하고, 화장실이 부족해 병에다 소변을 보았다는 증언도 있습니다.

임시 노동자만의 이야기가 아닙니다. 우버나 에어비앤비처럼 플랫폼 회사를 통해 서비스를 제공하는 사람, 택시기사, 배달이나 심부름, 청소 등을 하는 사람들은 플랫폼 회사에 수수료를 내는데, 이 수수료가 적지 않습니다. 더구나 고객 요청에 따라 언제든지 달려가야 하기 때문에 쉴 시간이 많지 않은 경우도 많지요. 직장에 정규직으로 고용된 노동자는 출퇴근 시간이 정해져 있고, 점심시간이나 휴식 시간을 보장받을 수 있지만 플랫폼 기업으로부터 중개받아 일하는 이들은 이를 보장받기 힘듭니다.

반면 플랫폼 기업은 서비스 이용자로부터 적게는 9퍼센트, 많게는 30퍼센트까지 수수료를 받아 돈을 벌 수 있습니다. 이렇다 보니 전 세계의 불평등이 점차 심각해진다는 우려의 시선도 이어지고 있습니다.

　기본소득이 사람들을 게으르게 만들지 부지런하게 만들지는 앞으로 많은 실험과 논의가 필요합니다. 하지만 그 전에 한 가지 생각해 봐야 할 점이 있습니다. 시간이 갈수록 플랫폼의 힘이 강해지고 기계가 사람의 일을 대신하게 되면, 사람이 할 수 있는 일자리의 임금도, 근무 조건도 나빠질 가능성이 높습니다. 그래서 〈노매드랜드〉 속 노동자들처럼 게으르거나 무능력하지 않아도 가난한 사람이 앞으로도 많이 생길 거라는 사실입니다. 부지런하게 일하고 싶어도 아예 직장을 찾지 못하는 사람도 생겨날 것입니다. 이들을 단순히 '게으른 사람'으로 비판하고 개인의 잘못이니 각자기 책임지라는 말로 넘어살 수 있을까요? '열심히 일하지 않는 사람 — 게으르고 의욕 없는 사람'이라는 논리가 더 이상 통하지 않는 세상이 올지도 모른다는 이야기입니다. 뿐만 아니라 게으른 사람이 많아져 경제가 나빠진다는 단순한 논리로 설명하기 힘든 세상이 올지도 모릅니다. 이런 세상이 본격적으로 오기 전에 '부지런함'과 '게으름'에 대한 새로운 정의가 필요하지 않을까요?

돈을 벌지 않지만
일은 합니다

약 10년 전 한 중년 여성이 '가사 파업'을 선언하고 가출하는 주말 연속극 내용이 전파를 탔습니다. 몇십 년간 전업주부로 살아온 여성이 집안일을 하지 않고 파업을 선언하자 공감하는 목소리도 이어졌지만, 한편으로 이해가 되지 않는다는 시선도 있었습니다. 밖에서 직장 생활을 하는 것도 아닌데 파업을 선언한 여성의 모습에 황당하다는 반응도 있었지요.

육아나 가사 노동은 파업할 만한 '일'이 아닌 걸까요? 사실 아이를 돌보거나 청소, 요리, 빨래 등 가사 노동이 만들어 내는 일을 경제적 가치로 계산해 보면 생각보다 그 가치가 적지 않다는 사실을 알게 됩니다. 2019년 통계청이 발표한 바에 따르면, 임금을 받지 않고 이루어지는 가사 노동의 경제적 가치가 무려 490조 9000억 원에 달하는 것으로 나타났습니다. 이는 우리나라 국내 총생산(GDP)의 4분의 1에 해당하는 수치입니다. 특히 성별에 따라 평균적으로 집안일을 하는 시간을 따져 그 가치를 계산해 보면 여성은 1인당 1380만 원, 남성은 521만 원이 된다고 합니다.

한눈에 봐도 무시할 수 없는 가치를 지니고 있음에도 가사 노동은 생산성을 따지는 통계에는 들어가지 않습니다. 한 나라의 생산 규모를 알려 주는 GDP는 '시장에서 거래된 재화나 서비스의 가치'만을 포함합니다. 전업주부가 집에서 아이를 돌보거나 일하는 것은 GDP에 포함되지 않지만, 남의 집에 가서 아이를 돌볼 경우 GDP에 포함되는 신기한 일도 벌어지지요. 이는 가사나 육아가 가정 내에서 임금이나 대가 없이 이루어지는 일이기 때문입니다.

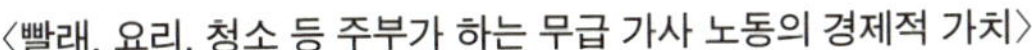

〈빨래, 요리, 청소 등 주부가 하는 무급 가사 노동의 경제적 가치〉

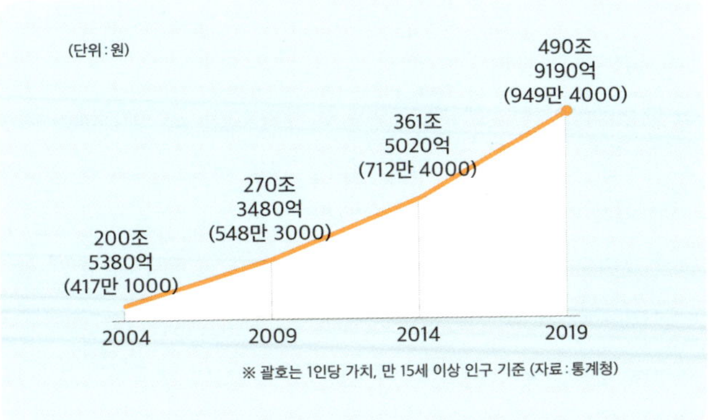

이처럼 노동을 했지만 보수를 받지 못하는 활동을 오스트리아의 철학자 이반 일리치는 '그림자 노동'이라고 이름 붙였습니다. 그림자처럼 눈에 띄지 않지만 우리를 둘러싼 일이라는 의미지요. 그림자 노동에는 가사 노동뿐 이니라 다양한 일이 포함됩니다. 최근에는 디지털 기술이 발달하고 '셀프'로 해야 할 일이 늘면서 그림자 노동이 늘어나고 있습니다. 온라인 쇼핑몰에서 물건을 사면서 공인인증서 등을 깔고, 스팸 메일을 지우기 위해 애쓰고, 상품의 최저 가격을 검색하며, 커피숍이나 패스트푸드점에서 음료 잔을 치우고, 셀프 주유소에서 주유하는 일 등은 이제 모두 개인이 해결하지요. 이 많은 그림자 노동이 정보혁명이나 자동화 덕분에 늘어나고, 사회가 변할수록 교묘하게 개인에게 주어진다고 일리치는 이야기합니다.

그림자 노동은 왜 생긴 것일까요? 공장에서 대량 생산이 시작된 산업화 이후 기업들은 일할 사람이 필요했습니다. 이 과정에서 임금을 받고 노동을 하는 남성의 밥과 빨래를 누군가가 대신 도맡아야 했지만, 그것까지 포함시켜 높은 임금을 주기에는 무리가 있었습니다. 임금을 받고 있는 남성을 '보조'하는 역할로 여성의 역할을 남겨 둔 것입니다. 게다가 자본주의 사회에서는 돈을 받고 하는 일이 중요하게 여겨졌기 때문에 여성은 집에서 열심히 일해도 사회적으로 가치를 인정받기 힘든 현상도 일어났습니다.

자동화 때문에 생기는 그림자 노동도 마찬가지입니다. 예전에는 주유소에서 기름을 넣거나 음식점에서 캔과 병을 버리는 일을 주유소 직원과 종업원이 했다면 이제 기업 입장에서는 굳이 돈을 주면서 그들을 고용할 필요가 없습니다. 자동화를 이유로 교묘하게 고객이나 개인에게 일을 나누어 주면 됩니다. 이런 식으로 주어지는 일 때문에 개인이 감당해야 할 몫이 많아지는 셈이지요.

자동화 덕분에 시간이 많아진 듯하지만 정작 시간이 부족하다고 느껴질 때가 있지 않나요? 그림자 노동을 생각해 보면 이상한 일이 아닐 수도 있습니다. 집안일, 셀프 서비스를 위해 들이는 시간, 디지털 기기를 업데이트하거나 공인인증서를 까는 일이 정말 '아무것도 하지 않는 일'인지 생각해 볼 때입니다.

기본소득이 가난한 사람들을 도울 수 있을까?

송파 세 모녀의 비극은 어디에서 시작되었을까?

2014년 2월 "정말 죄송합니다"라는 말로 시작되는 쪽지 하나가 여러 언론을 통해 소개되었습니다. 서울시 송파구에 살던 세 모녀가 스스로 목숨을 끊으며 남긴 쪽지였지요. 그들이 비극적인 선택을 한 이유는 '경제적 어려움'이었습니다. 생활고에 시달리다 못해 결국 극단적인 길을 택했습니다. 그들은 집주인에게 죄송하다는 말로 시작하는 쪽지와 함께 현금 70만 원을 남겼습니다. 집세와 공과금으로 남긴 이 돈이 그들의 전 재산이었지요.

이 사건을 들은 사람들은 의아해했습니다. 우리나라에는 경제적으로 생활이 어려운 계층을 돕는 복지제도가 있습니다. 기초생활보장제도라는 것이지요. 대상자가 되면 매달 생계나 교육, 의료 급여 등 일정한 지원금을 받을 수 있습니다. 세 모녀는 분명 생활 지원을 받아야 할 만큼 어려운 상황에 처해 있었지만, 국가의 도움을 받지 못하고 안타까운 선택을 한 것입니다.

그들은 도대체 어떤 이유로 국가의 지원을 받지 못했을까요? 두 딸은 30세 이상의 성인이었습니다. 국가에서는 성인인 이들이 근로 능력이 있으니 당연히 돈을 벌 것이라 생각했습니다. 그러나 큰딸은 오랫동안 만성 질환을 앓고 있었고, 둘째 딸도 아버지의 빚 때문에 신용 불량자가 되어 제대로 일하지 못하는 처지였습니다. 어머니의 수입으로 근근이 생활을 유지했지만, 어머니의 건강마저 나빠지면서 생계를 제대로 유지하기 힘들어졌지요.

죽음을 택하기 3년 전 세 모녀는 관공서에 복지 지원에 대해 물어본 적이 있었습니다. 그러나 지금 상태로는 대상자로 뽑히기 힘들다는 사실을 깨닫고 더 이상 지원 신청이나 문의를 하지 않고 살아왔지요. 세상에 빚지기 싫다는 책임감 때문에 공과금 등을 꼬박꼬박 내며 지냈기에 세 모녀에게 지원이 필요하다는 사실을 국가기관에서는 알 수 없었습니다.

송파 세 모녀 사건은 당시 사회에 큰 파장을 불러왔습니다. 기초 생활보장제도가 경제적 취약 계층에게 도움을 주기 위해 만들어진 정책임에도 부족한 부분이 많다는 사실이 드러났기 때문입니다. 생

<기초생활보장제도의 혜택을 받지 못하는 빈곤층>

비수급 빈곤층 생활 실태(2015)
(단위 : 원, %)

| 월 평균 소득 | 50만 3000 |
| 생활비·월세 지출 | 48만 4000 |

평균 월세	11만 1000
평균 부채	2174만
부채 연간이자	78만 1000

경제적 어려움 관련 설문 결과

집의 방음·환기·채광 여건이 나쁘다.	33.8
진료비 부담에 치료를 포기한 적이 있다.	17.3
추운 겨울에 난방을 하지 못한 적이 있다.	13.5
자녀의 공교육비를 한 달 이상 못 줬다.	13.5
공과금을 기한 내 못 낸 적이 있다.	9.1

※ 비수급 빈곤층 : 소득과 재산이 최저생계비에 미치지 못하지만 기준 미달로 기초생활수급자가 되지 못하는 계층
(자료 : 보건복지부, 한국보건사회연구원)

활이 어려운데도 불구하고 도움을 받지 못하는 사각지대에 있는 사람들이 존재한다는 사실을 일깨워 준 것이지요. 더구나 세 모녀처럼 책임감을 가지고 열심히 살아가려 한 사람들이 사회의 혜택을 받지 못했다는 사실에 많은 사람이 충격받았습니다. 이러한 복지제도의 문제점이 수면 위로 드러나자 정치권에서는 기초생활보장법을 보완해야 한다는 이야기가 나왔고, 이때부터 기초생활보장법 개정안이 새롭게 마련되었지요. 한편으로는 지금의 복지제도로 어려운 사람들을 충분히 도울 수 있을지 의문을 가지는 사람도 늘었습니다.

기본소득을 실시한다면 송파 세 모녀처럼 복지 사각지대에 놓인 사람들을 제대로 도울 수 있을까요? 기본소득이 생활이 어려운 사람들을 돕는 방안으로 적절한지에 대한 의견이 분분합니다.

어떤 이들은 기본소득이 오히려 생활이 어려운 이들에게 제대로 도움을 줄 수 없다고 주장합니다. 기본소득을 실시하려면 엄청난 돈이 필요하고, 결국 현재 실시하고 있는 복지제도를 기본소득으로 합쳐야 하는 상황이 될 것이라고 말합니다. 또 기존의 기초생활보장제도 등을 없애고 재산 정도나 소득 수준과 상관없이 일정한 돈을 국민 모두에게 똑같이 주다 보면 어려운 사람이든 어렵지 않은 사람이든 푼돈에 불과한 돈을 받게 된다고 이야기합니다. 이 때문에 가난한 이들은 오히려 생활에 꼭 필요한 돈을 받지 못하고 어려운 상황을 이어 갈 수밖에 없다는 것이지요.

지금의 기초생활보장제도에 의하면, 혼자 사는 수급자는 돈을 한 푼도 벌지 않을 때 월 최대 58만 원(2022년 기준)을 받을 수 있습니다. 반면 현재 우리나라의 보건·복지·노동 분야에 쓰이는 돈을 전부 기본소득으로 나누어 줄 경우, 전 국민에게 매달 20만 원씩 줄 수 있습니다. 이렇게 적은 돈은 생계유지가 힘들기 때문에 가난한 사람에게 큰 도움이 되지 못할 가능성이 큽니다. 따라서 가난한 계층을 적극적으로 도와줄 수 있는 돈을 낭비한다는 겁니다. 이는 소득의 불균형을 줄이거나 빈부격차를 줄이는 데에도 도움이 되지 않는다는 주장이지요. 차라리 지금의 복지제도를 손질해서 생계유지가 어려운 사람이나 실업자들을 돕는 게 더 효과적이라고 보는 것이 기본소득에 반대하는 이들의 입장입니다.

뿐만 아니라 이들은 '기업 회장 아들도 기본소득을 받는 게 옳은 논리인가' 의문을 제기합니다. 기본소득 이야기가 나오면 가장 많이 나오는 불만 중 하나가 "재벌가 사람들도 가난한 사람들과 마찬가지로 기본소득을 받는 건 불공평한 일이고 낭비다"라는 이야기지요.

가난한 사람들을 돕고 비용도 절약할 수 있다!

반대로 기본소득의 장점에 대한 의견을 이야기한 학자가 있습니다. 세계적으로 경제학 강의에 널리 쓰이는 『맨큐의 경제학』(김경환·김종석 옮김, ENAGE Learning, 2021)을 쓴 그레고리 맨큐이지요. 맨큐는 『불평등 전투(Combating Inequality)』라는 책에서 기본소득제에 찬성했습니다.

그는 가난한 사람들을 따로 뽑아 도와주는 정책이나, 모든 사람에게 소득과 상관없이 일정 액수의 돈을 지급하는 것이나 큰 차이가 없다고 주장했습니다. 기본소득 아래에서 부자들은 어차피 소득에 따른 세금을 많이 내기 때문에 돈을 많이 받아도 딱히 유리하지 않다고 이야기합니다. 부자들이 기본소득을 받더라도 상대적으로 그 혜택을 많이 받는 건 아니라는 논리지요.

게다가 기본소득제도를 실시하면 가난한 사람들을 뽑는 데 필요한 절차도 단순하고, 공무원이 많이 필요하지 않기 때문에 효율적이라는 점도 지적합니다. 간단하고 투명한 과정 덕분에 돈을 아낄 수 있다는 것이지요. 지원받을 만한 사람을 가려내기 위해 공무원이 동원되고, 이들을 돕는 갖가지 제도와 시스템을 마련하느라 돈과 시간, 인력이 모두 들어가는 낭비도 줄일 수 있습니다. 기본소득에 찬성하는 사람들은 이렇게 국가의 지원을 받는 이들을 뽑는 데 엄청난 비용을 들이는 것보다 모두에게 소득을 나누어 주는 것이 효율적이라고 이야기하지요.

뿐만 아니라 모든 사람이 적절한 수입을 가질 수 있기 때문에 지금보다 비교적 자유롭게 일을 선택하고 그만둘 수 있습니다. 노동자를 고용해야 하는 회사의 입장에서는 정식으로 얼마 이상의 직원을 뽑아야 한다는 부담이 덜해지지요. 따라서 더 많은 인력을 자유롭게 고용할 수 있게 되니 자연스럽게 고용이 늘어날 수 있다고 이야기합니다. 가난한 사람을 뽑아서 그들을 따로 도와주는 것이나 모든 사람에게 기본소득을 제공하는 것이나 비슷한 돈을 쓰면서 효과가 크게 달라지지 않는다는 것입니다.

여기서 주목해야 할 사실은 맨큐가 시장의 자유와 효율성을 중요하게 생각하는 경제학자라는 점입니다. 시장을 중요하게 생각하는 경제학자들은 대체로 국가의 간섭을 줄이고 시장을 자유롭게 놓아두는 데 관심을 가집니다. 언뜻 보기에 기본소득에 반대할 것 같은 보수적인 학자 중에서도 효율성을 이유로 찬성하는 이들이 존재합니다. 물론 그 목적이 다를 수는 있지만, 경제학자들이 기본소득이 가진 효율성에 주목했다는 점은 의미심장하게 다가오지요.

복지제도의 사각지대, 세내로 없앨 수 있을까?

『아빠의 아빠가 됐다』(이매진, 2019)라는 책을 쓴 조기현 작가는 20대에 치매 아버지를 돌보는 입장이 된 청년입니다. 책에서 그는 아버지의 중환자실 입원비를 마련하기 위해 '가난'을 입증하는 과정의 고단함을 이야기합니다. 가령 아버지가 치매임을 입증하려면 정밀 검사를 해야 했는데, 검사비가 몇백만 원이 들어가는 상황을 마주했습니다.

조기현 작가의 이야기는 현재의 복지제도가 안고 있는 문제점을 잘 알려 줍니다. 가난한 사람은 국가의 지원을 받기 위해 자신이 가난하다는 사실을 갖가지 서류로 증명해야만 합니다. 그런데 이를 증명하는 과정이 까다로워 어려움을 겪는 경우가 많습니다. 뿐만 아니라 지원을 받게 되어도 '가난한 사람'이라는 낙인이 찍히고 고정관념을 마주하게 된다는 이유로 애초에 지원 자체를 꺼리는 사람도 있지요. 기본소득은 이러한 어려움 없이 경제적 취약층의 생활을 도울 수 있다는 장점이 있습니다.

기본소득이 주어진다면 엄격한 복지제도의 규정 때문에 제대로 자립할 수 없던 사람들이 새로운 생활을 시작할 수 있다는 주장도 있습니다. 만약 현재 기초생활보장제도 아래에서 혼자 살며 50만 원의 지원을 받는 사람이 열심히 일해 한 달에 80만 원 정도의 수입이 생기면, 생계를 위한 급여를 받을 수 있는 기준선에서 벗어나 국가의 지원을 전혀 못 받게 됩니다. 더구나 80만 원을 받는 직장이 안정된 일자리일 확률은 낮지요. 오하려 일할 경우 국가의 지원도 받지 못하고 적은 돈을 벌며 힘들게 지내야 하는 상황이 생깁니다. 따라서 가난한 사람을 선정해 지원하는 것보다 모두에게 기본소득을 주는 게 어려운 사람들의 생활을 보장하고 자립을 돕는다고 말합니다.

빈곤의 책임은

개인에게 있을까?

* 생활비가 부족해 끼니를 챙기지 못한 적이 있다. - 37.5%
* 일주일에 한두 번 이상 끼니를 못 챙겼다. - 27.1%

2021년 한 언론이 20대를 대상으로 청년 빈곤에 대해 조사한 결과입니다. 이들의 58.5퍼센트 정도는 현재 소득이 없거나 한 달에 100만 원보다 적은 돈을 벌고 있었지요. 불안정한 수입 때문에 생활비가 모자란 청년들은 식사를 제때 해결하지 못했습니다.

그 밖에도 다양한 곳에서 청년들의 어려운 생활을 엿볼 수 있습니다. 한 구호 단체가 경제적으로 어려운 대학생에게 식비를 지원하는 사업을 벌였는데, 경쟁률이 10대 1이 넘었습니다. 유튜브에서는 '식비를 절약하는 방법' 등이 인기 동영상에 오르기도 했지요.

물론 청년들의 가난에는 '취업'이라는 해결책이 있습니다. 그렇지만 코로나19로 인해 취업난이 길어지면서 문제는 심각해지고 있지요. 정규직이 줄어들고 비정규직 일자리가 늘어나면서

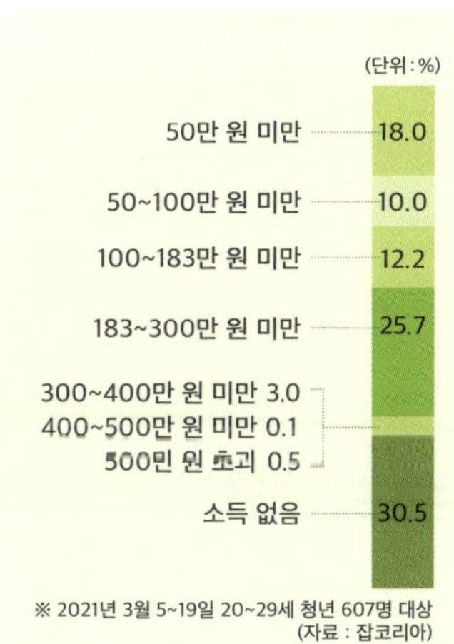
<청년의 월 평균 소득>

※ 2021년 3월 5~19일 20~29세 청년 607명 대상
(자료 : 잡코리아)

낮은 임금이나 고용 불안을 겪는 청년층도 갈수록 늘어나고 있습니다.

빈곤은 먹고 싶은 욕구, 편안한 곳에서 잠자거나 인간다운 생활을 누리고 싶은 욕구를 채울 수 있는 자원이 부족한 상태를 말합니다. 빈곤은 어떤 이유로 생길까요? 빈곤의 원인을 바라보는 시선에는 크게 두 가지가 있습니다.

첫 번째는 빈곤의 책임이 개인에게 있다고 보는 관점입니다. 가난한 사람은 기술이나 능력이 부족해 어려운 처지에 놓이고, 개인이 사회에 적응하지 못한 결과라고 보는 시각이지요. 이러한 시각에서는 가난한 사람의 생활 방식이나 태도에 문제가 있어 빈곤이 온다고 봅니다. 따라서 가난 역시 각자가 노력해서 해결할 몫이라고 바라봅니다.

두 번째는 개인이 극복하기 어려운 빈곤을 만들어 내는 상황, 사회적 과정을 살펴보는 관점입니다. 계급이나 성, 인종, 직업의 사회적 위치, 교육 수준 등 사회 구조가 자원 배분 방식을 결정한다고 바라봅니다. 이러한 관점에서는 사회의 소득이나 자원을 모두에게 골고루 분배해야 가난 문제가 해결된다고 이야기합니다.

예전에는 빈곤을 오롯이 개인이 해결해야 할 문제로 보는 시선이 많았지만 최근에는 다른 의견도 나오고 있습니다. 한 예로 경제학자 토마 피케티는 『자본과 이데올로기』(안준범 옮김, 문학동네, 2020)에서 빈곤의 대물림을 끊기 위해 기본자산을 나누어 주자고 주장했습니다. 기본자산은 25세가 된 사람들에게 약 1억 6천만 원 정도의 종잣돈을 나누어 주는 것을 말합니다. 사회에 첫발을 내디딜 이들에게 스스로 설 기회를 줄 씨앗과 같은 돈이지요. 청년들은 이 종잣돈으로 살 곳을 구하거나 사업을 시작해 자본을 늘려 갈 기회를 얻을 수 있습니다.

피케티는 2조 원 이상의 자산을 가진 부자들에게 재산의 최고 90퍼센트까지 세율을 매겨 세금을 많이 걷고, 소규모 재산을 가진 사람들에게는 세금을 적게 걷자고 주장하기도 했습니다. 피케티의 이러한 의견 속에는 개인의 빈곤이 온 데에는 구조적 원인이 크니 사회가 책임지고 빈곤을 해결해야 한다는 생각이 숨어 있습니다.

기본소득에 필요한 돈은
충분할까 VS 부족할까

기본소득을 위한 돈, 어떻게 마련할까?

기본소득을 실시하려면 풀어야 할 숙제가 많습니다. 그중 가장 중요한 핵심 문제는 '돈'입니다. 기본소득을 실현하기 위해서는 국가에 많은 돈이 필요합니다. 연구에 따르면 월 30만 원을 기본소득으로 주기 위해서는 매년 약 186조 원이 필요하다고 합니다. 50만 원을 주려면 약 309조 원이 필요하지요. 우리나라의 1년 정부 예산이 558조 원(2021년 기준)인 걸 생각하면 결코 적은 돈이 아닙니다.

기본소득에 반대하는 입장에서는 재원 마련의 어려움을 가장 중요한 이유로 언급합니다. 국민에게 월 10만 원씩만 주어도 62조 원이 필요합니다. 이는 절대 마련하기 쉬운 돈이 아닙니다. 게다가 월

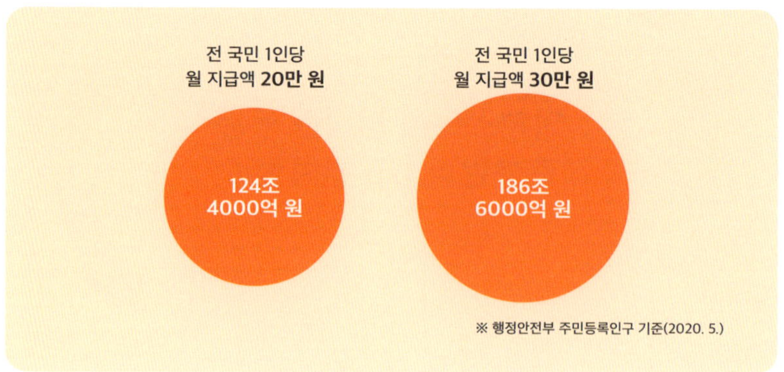

5만 원, 10만 원씩 국민에게 주는 돈은 '푼돈'에 그치니 그 효과도 제대로 기대할 수 없다고 말하지요.

기본소득에 필요한 돈을 마련하기 위해서는 다른 분야의 복지 예산을 줄이거나 세금을 늘려야 합니다. 다른 분야의 복지 예산을 줄이다 보면 이전에 국가의 지원을 받던 사람들은 피해를 입을 수 있다는 의견도 있지요. 기본소득을 받더라도 기초생활보장제도 등으로 제대로 지원받을 수 있는 금액이 더 크기 때문입니다. 세금을 늘리는 문제도 마찬가지로 국민의 저항을 불러일으킬 수 있어 쉽지 않은 일입니다.

기본소득에 반대하는 이들은 무엇보다 부족한 돈, 들이는 돈에 비해 효과가 떨어지는 문제를 지적합니다. 재원이 부족하니 실현 가능성이 떨어진다는 이야기지요.

기본소득을 위한 돈, 마련할 수 있다!

기본소득에 찬성하는 입장에서는 여러 가지 방안으로 재원을 마련할 수 있다고 이야기합니다. 일단 지금 사람들에게 나누어 주고 있는 아동수당이나 기초생활보장제도 등을 없애고 기본소득이라는 큰 틀에 합치면 된다고 보는 입장도 있습니다. 모든 사람에게 기본소득을 나누어 주니 원래의 복지제도가 없어져 큰 피해를 입는 사람은 적을 거라고 보는 것이지요.

현재의 세금제도를 새롭게 바꾸어 부족한 돈을 마련하자는 방안도 있습니다. 예를 들어, 우리나라에는 신용카드로 돈을 쓰거나 근로소득을 통해 벌어들인 돈에 붙는 세금을 조금씩 깎아 주는 제도가 있습니다. 이를 세금공제제도라고 합니다. 세금공제제도를 바꾸고 손질하면 약 48조 원(2018년 기준)의 재원을 마련할 수 있다는 연구 결과도 있습니다.

새로운 세금이 온다!

좀 더 적극적인 방법으로 기본소득에 필요한 돈을 마련하자는 입장도 있습니다. 새로운 세금을 만들어 기본소득에 필요한 돈을 마

련하자는 이야기지요. 기본소득에 찬성하는 이들이 새롭게 만들자
고 이야기하는 세금에는 로봇세, 데이터세, 탄소세 등이 있습니다.

– 로봇에 세금을 매긴다면?

로봇세는 근로자의 일자리를 빼앗는 로봇에게 세금을 매기는 것
입니다. 로봇세는 마이크로 소프트 창업자인 빌 게이츠가 미국의
IT 전문지 『쿼츠』와의 인터뷰에서 언급하면서 화제가 되었습니다.
빌 게이츠는 로봇에 세금을 매기면 로봇 때문에 세금을 내야 하는
기업들은 자동화를 늦출 테고, 덕분에 일자리 감소의 위험도 줄어
들 거라고 말했지요. 더불어 로봇의 도입과 기계의 발달로 일자리
를 잃은 노동자들을 노인이나 어린이를 돌보는 서비스 분야에서 일
하도록 돕자고 주장했습니다. 2017년 1월 유럽연합에서는 로봇에
'전자인간(Electronic Persons)'이라는 법적 지위를 주는 로봇시민법
제정을 위해 의견을 모으기도 했고, 프랑스에서는 대통령 후보가
로봇세를 매기겠다는 공약을 내세운 적도 있었지요.

반대 의견을 꺼내 놓은 이들도 있습니다. 세계적인 공학 대학이 있
는 MIT의 학자들은 세금을 매기는 대상인 로봇을 정의하기가 어렵
고, 로봇세가 도입되면 로봇 산업의 발전을 방해할 수 있다는 입장
을 내놓았습니다. 산업혁명 당시 방직기나 증기기관에 세금을 매겼
다면 지금의 기술 발달이 가능했겠냐고 반론한 이들도 있었지요.

공장에서 일하는 로봇

로봇세에 대한 찬반 논란은 계속되고 있습니다. 우리나라는 노동자 1만 명당 로봇 868대(2019년 기준)로 싱가포르에 이어 세계에서 두 번째로 로봇 사용률이 높은 편입니다. 특히 자동차 업계나 전기·전자 업계 등에서 로봇을 많이 쓰고 있는 것으로 나타났지요. 로봇에 세금을 매기면 결국 로봇을 많이 가지고 있는 관련 기업이 세금을 많이 내야 하므로 부담이 될 수 있다는 이야기도 있습니다. 이에 찬성 입장에서는 땅이나 주택, 자동차와 같이 로봇을 재산으로 보고 세금을 걷는 건 자연스러운 일이라 주장하지요.

－ 새로운 부의 원천인 데이터에도 세금을?

최근 '가명정보활용지원센터'가 문을 열었습니다. 우리가 병원

진료 과정에서 쌓은 정보를 상업적으로 이용할 수 있도록 데이터를 가명으로 처리해 기업에 건네주는 곳입니다. 이제 우리가 쌓은 정보는 가명으로만 처리되기만 하면 상업적으로 이용 가능하게 되었기 때문입니다.

구글, 애플, 페이스북, 네이버, 카카오 등 인터넷 플랫폼을 기반으로 한 기업들은 우리 덕분에 여러 가지 데이터를 쌓아 수입을 거둬들이지만, 우리에게 어떠한 대가도 주지 않습니다. 내가 쌓은 데이터임에도 주인 행세를 못 하고 있는 셈이지요.

이러한 이유로 정부가 플랫폼 기업으로부터 세금을 거두어야 한다는 주장이 나오고 있습니다. '데이터세'라는 것입니다. 데이터세는 인터넷상 데이터로 사업하는 모든 기업에 세금을 물리자는 생각입니다. 2020년 조세에 대해 연구하는 한국조세정책학회에서 새롭게 만들 수 있는 세금 수입원 중 하나로 데이터세를 포함시켰습니다.

데이터세와는 조금 다르지만, 이미 유럽 국가 중에는 IT 기업이 올리는 매출액에 대해 세금을 매기는 '디지털세(구글세)'를 걷는 나라도 있습니다. 프랑스나 스페인 등에서 매출액이 일정 기준을 넘는 기업에 대해 디지털세를 걷기로 결정했는데, 스페인의 경우 거두어들일 것으로 기대되는 디지털세가 1년에 약 10억 유로(약 1조 3547억 원)라고 합니다. 데이터세 역시 도입되면 적지 않은 세금을 거둘 수 있을 것으로 예상되지요.

물론 구글이나 페이스북 등 거대 IT 기업을 가진 미국과 마찰이 일어날 가능성도 크고, 온라인 메신저나 내비게이션 서비스 등을 제공하는 기업들이 데이터세 때문에 소비자에게 제공하는 서비스를 유료로 바꿀 가능성도 있습니다. 이러한 위험 때문에 신중하게 접근할 필요는 있지만, 데이터를 이용해 이득을 보는 기업이 그 대가를 하나도 치르지 않는 건 부당한 일이라고 볼 수도 있지요. 따라서 데이터를 통해 수입을 올리는 기업에게 세금을 매기고 이 돈을 재원으로 국민에게 기본소득을 나누어 주는 건 타당한 논리라고 보는 의견도 있습니다.

– 지구 온난화를 막는 탄소세

"음식을 남길 경우 환경 부담금 5000원입니다."

뷔페에서 이런 문구를 본 적이 있을 겁니다. 음식물 쓰레기가 생기는 걸 방지하기 위해 만들어진 문구이지요. 환경오염을 줄이기 위한 제도는 계속되고 있습니다. 대형마트에서는 일회용 비닐봉지 사용을 금지하고, 편의점이나 제과점 등에서는 돈을 주어야 봉지를 살 수 있게 되었지요.

이런 노력이 이루어지고 있는 건 지구의 기후 변화가 심각해지고 있기 때문입니다. 우리나라는 2020년에 54일이나 이어진 장마를 겪었습니다. 같은 해 호주의 산불, 중국의 홍수 등 심각한 자연재해가 일어났고, 시베리아는 28도의 폭염을 겪었지요.

이제 기후는 먼 나라 이야기가 아닙니다. 몸으로 직접 느낄 수 있을 정도로 변하고 있지요. 이 문제를 해결하기 위해 국제 사회도 함께 노력하고 있습니다. 지구의 평균 온도 상승 폭을 1.5도 이내로 제한하기 위해 2050년까지 인위적인 온실가스 배출을 0으로 만들자는 협의가 이루어졌습니다.

탄소세는 이산화탄소를 내뿜는 화석 연료를 사용하는 양에 부과하는 세금입니다. 우리나라에는 아직 관련 법이 만들어져 있지 않지만 세계적으로 이미 50여 개국이 시행하고 있습니다. 1990년 핀란드에서 처음 도입되어 스웨덴, 스위스 등에서 실시하고 있지요. 앞서 이야기한 환경 부담금이 소비자에게 추가 비용을 부담하게 하는 것이라면, 탄소세는 이산화탄소를 발생시키는 생산자에게 세금을 물린다는 차이가 있습니다. 이 세금을 거두어들이면 기업들은 화석 연료 사용을 줄이려고 노력해야 하고, 국가는 탄소세로 거둔 돈으로 탄소 중립을 위해 노력하는 기업을 돕습니다.

탄소세 역시 공유부의 개념과 관련이 있습니다. 우리가 살고 있는 지구, 땅, 천연자원, 환경 등은 모두의 자산이기 때문에 모두가 함께 책임지고 나누어 갖는다는 의미가 있지요.

위에 나온 세금 외에도 모든 가계가 벌어들이는 소득의 10퍼센트 정도의 돈을 내거나, 토지를 가진 사람 모두가 땅 가격의 일정 비율

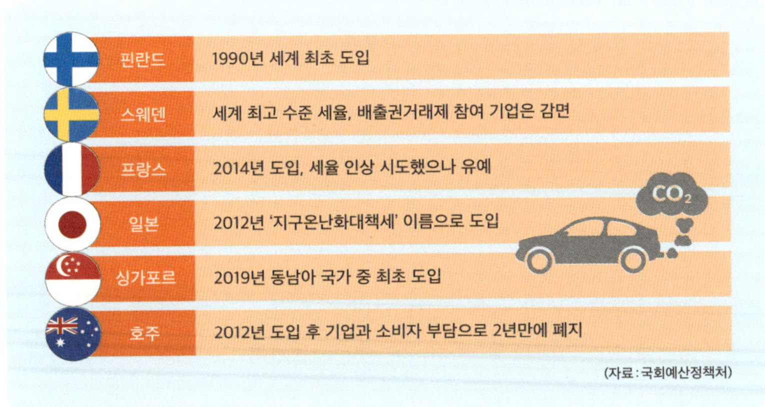

만큼을 세금으로 내는 방식 등이 기본소득 재원 마련 방안으로 언급되고 있습니다. 새로운 세금의 도입에 대해 국민이 민감한 반응을 보이는 만큼 충분한 논의와 찬반 토론이 필요하지요.

실리콘밸리의 억만장자들은
왜 기본소득을 주장했을까?

"미래에는 컴퓨터와 AI 기계, 로봇이 사람의 직업을 대체하고 결국 정부가 국민에게 임금을 주는 시대가 올 것입니다. AI와 자동화가 '기본소득' 개념을 정착시킬 것입니다. 다른 대안은 없습니다."

2016년 세계적인 전기차 기업 테슬라의 최고 경영자(CEO) 일론 머스크가 한 방송국과의 인터뷰에서 한 이야기입니다. 그는 로봇과 인공지능이 인간의 일을 대신할 미래 사회에 기본소득이 필요하다고 여러 번 언급했지요.

실리콘밸리의 억만장자 중 기본소득에 대한 주장을 펼친 사람이 또 있습니다. 페이스북의 최고 경영자인 마크 주커버그 역시 하버드대 창립 기념 연설에서 "모든 사람에게 새로운 일을 시도할 수 있는 안전 장치를 제공하기 위해 보편적 기본소득과 같은 아이디어를 탐구해야 한다"고 말했습니다. 그는 불평등 극복을 전 세계가 해결해야 할 중요한 과제로 이야기하기도 했지요.

이미 대단한 재산을 모은 자본가들이 기본소득을 주장하는 이유는 무엇일까요? 기본소득은 전 국민에게 똑같은 돈을 나누어 준다는 취지인데, 이를 실시하기 위해서는 여러 가지 명목으로 부자들에게 더 많은 세금을 거둘 가능성도 큽니다. 그 금액이 크지 않을 가능성도 높지요. 제삼자의 입장에서도 딱히 이득이 없어 보이는 기본소득에 미국의 억만장자들은 왜 찬성을 표시했을까요?

앞에서 살펴본 경제 대공황의 경우 미국의 빈부격차가 심각해진 상태에서 나타났습니다. 대공황 직전 부유한 1퍼센트의 사람들이 미국 전체 소득의 23퍼센트를 차지할 정도로 불평등이 심각해진 상태였지요. 부가 한쪽으로 쏠린 상태에서 서민층이나 저소득층은 상품을 구매할 힘을 잃어 갑니다. 평범한 국민 대다수가 제대로 소비할 수 없게 되면, 기업의 생산이나 투자도 활기를 잃고 경기는 침체에 빠지기 쉽습니다. 자본주의는 원래 톱니바퀴처럼 소비, 생산, 투자, 고용이 활발히 맞물려 돌아가는 가운데 힘을 얻습니다. 그러나 경제적 불평등 때문에 소비라는 한 축이 고장 나면 자본주의 경제가 원활하게 지속되기는 어렵겠지요. 이러한 상황에서는 기업만 배불리 돌아가는 일도 쉽지 않습니다.

자본주의의 미래 전망이 어두운 이유도 이것 때문입니다. 플랫폼 기업은 생산 수단 없이도 데이터의 힘으로 더 많은 돈을 벌어들일 가능성이 큽니다. 그러나 일반 시민의 경제력이 뒷받침되지 못한다면 거대 기업 역시 지속적으로 돈을 벌어들이기는 힘듭니다. 경제 대공황이 자본주의가 맞았던 하나의 위기라면 21세기에도 새로운 위기가 다가왔다고 볼 수 있지요. 실리콘밸리의 부자들도 이러한 사실을 깨닫고 있는 것이 아닐까요? 물론 기본소득을 찬성하는 그들의 의견 밑바탕에는 공동체를 생각하는 좋은 의도가 깔려 있을 것입니다. 그러나 먼 미래를 보았을 때 자본주의 유지를 위해 기본소득이 필요하다는 깨달음을 가지고 있을지도 모릅니다.

4장

공짜 얼굴으로 세상은 어떻게 변할까?

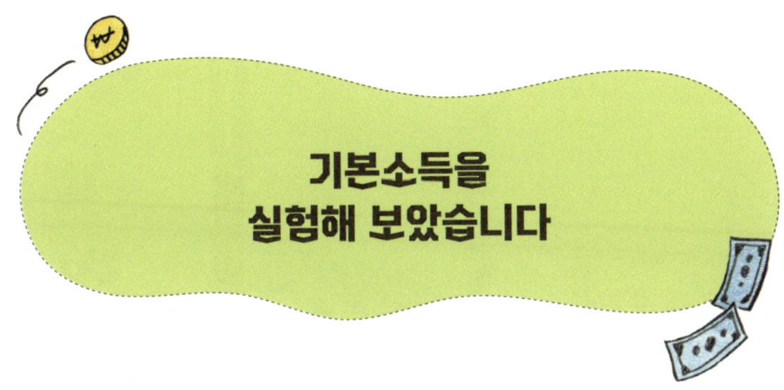

석유 자원의 선물을 모두에게

미국의 49번째 주인 알래스카수는 우리나라 면적의 7배에 달합니다. 이 '거대한 땅'에는 약 73만 명의 주민이 살고 있습니다. 알래스카 주민들은 10월을 기다립니다. 매년 이 시기에 기본소득이라는 특별한 선물이 찾아오기 때문입니다. 이곳에 6개월 이상 거주한 사람이라면 누구나 아무 조건 없이 한 사람당 100~200만 원의 현금을 받을 수 있습니다. 4인 가족이라면 500~1000만 원이라는 적지 않은 수입을 한꺼번에 얻을 수 있는 셈이지요.

이 제도는 이미 40년 전부터 시작되었습니다. 당시 알래스카주 정부는 주민에게 약 35만 원의 돈을 나누어 주었습니다. 그러다가

알래스카에서 실시하는 기본소득의 원천이 된 송유관

점점 액수가 올라가 2015년에는 1인당 최고 약 230만 원까지 기본
소득을 지급한 적도 있었지요. 석유 자원으로 벌어들이는 수익에
따라 금액이 매해 달라지기는 하지만 나누어 주는 입장에서는 적은
돈이 아닙니다.

주민에게 나눠 주는 돈은 어디에서 나온 것일까요? 비밀은 알래
스카에 매장된 석유 자원에 있습니다. 알래스카 하면 흔히 에스키
모나 이글루를 떠올리겠지만, 사실 이곳은 석유와 천연가스가 풍부
하게 매장된 지역입니다. 미국 전체 석유와 천연가스 생산량의 4분
의 1을 차지할 정도로 생산량이 어마어마합니다. 이 석유 자원에 투
자하여 얻는 수익도 적지 않지요. 1974년 알래스카 주지사였던 제
이 해먼드는 석유 자원으로 얻는 수입에 주목했습니다. 그는 '석유

자원은 우리만의 것이 아니라 후손을 위해 그 이익을 영원히 남겨 놔야 한다'는 생각 아래 이를 기본소득으로 나누어 주기로 결정했 습니다. 석유 자원을 채취해 얻은 수입을 기금으로 만들어 그 투자 수익을 바탕으로 현금을 나누어 주기 시작했지요.

알래스카에서 시행하는 기본소득의 정식 이름은 '알래스카 영구 기금배당(Permanent Fund Dividend)'입니다. 이 제도는 40년간 성공 적으로 이어지고 있습니다. 아무런 조건 없이 주기적으로 개인에게 일정한 돈을 준다는 면에서 알래스카는 기본소득의 개념에 가장 적 합한 제도를 실시하고 있는 셈입니다. 사실 주민들의 생계를 해결할 만큼 충분한 돈이 아닐뿐더러 1년에 한 번 지급되는데도 불구하고 이 제도는 일정한 효과를 거두고 있습니다.

미국의 한 비영리 단체가 알래스카 주민 1004명을 상대로 조사 한 결과 응답자의 40퍼센트는 '배당금이 인생에 매우 도움이 됐다' 고 답변했고, 39퍼센트는 '상당한 도움이 됐다'고 답했지요. 알래스 카인들은 배당금을 주로 신용카드 빚을 갚거나 미래를 위한 투자 에 사용하고 있었습니다. 배당금의 용도를 묻는 질문에 30퍼센트는 '신용카드 빚을 갚는 데 사용한다'고 밝혔고, 27퍼센트는 '대부분을 저축한다'고 답변했습니다. 공짜로 주어진 돈을 함부로 쓰지 않고 쓸모 있게 사용하는 비율이 높음을 알 수 있습니다.

알래스카는 미국에서 가장 빈곤율이 낮고 소득 불평등도 적은 지

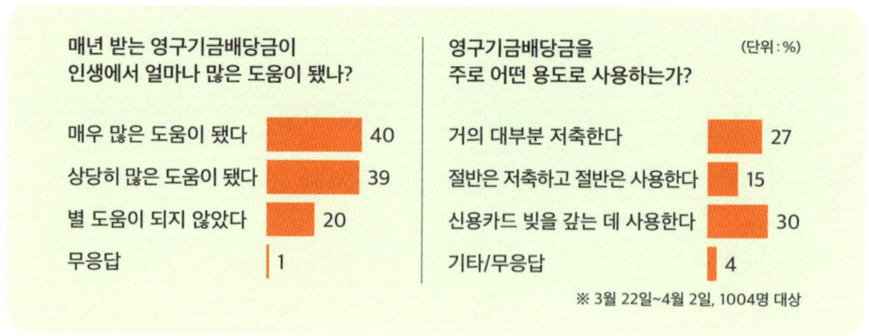

역으로 꼽히기도 합니다. 이곳의 기본소득은 유일하게 '실험'이 아니라 '정착된 제도'로 존재하고 있지요. 무엇보다 석유 자원을 정부나 특정 개인의 소유가 아니라 모두의 것으로 생각하고 그로 인한 수익을 많은 이들에게 나누어 주었다는 면에서 알래스카 기본소득의 정신은 주목할 만합니다.

나미비아 8000원의 기적

8000원, 큰돈으로 느껴지나요? 사람마다 다르게 느끼겠지만 물가가 오른 요즘 편의점에서 과자 4~5개 정도를 사면 금세 쓸 수 있는 금액입니다. 2022년 기준 한국에서 1시간을 일하면 최저임금으로 받을 수 있는 돈은 9160원입니다. 우리나라의 시급보다 적은 돈인 8000원이 아프리카 한 마을에서 어마어마한 힘을 발휘한 적이 있습니다. 아프리카 남서부의 나미비아 이야기입니다.

나미비아의 오티베로라는 마을은 어린이의 42퍼센트가 영양실조에 걸렸을 정도로 가난한 지역이었지요. 이 지역에 살고 있던 한 여성은 원래 7명의 아이들과 옥수수죽으로 끼니를 때우고 있었습니다. 그런 그녀가 불과 2년 만에 옥수수 텃밭과 40마리의 닭을 가진 사람이 되었지요. 이 놀라운 변화의 배경에는 기본소득 실험이 있었습니다.

2007년 7월 이곳에서 한 성직자가 독일의 구호 단체 회원들과 함께 새로운 실험을 시작했습니다. 마을 주민 930명에게 매달 나미비아 돈 100달러, 우리 돈으로 약 8000원을 지급했지요. 나미비아는 국민 한 명이 평균적으로 매달 1200원 정도의 돈으로 살아가는 형편이었습니다. 이곳에서 기본소득 8000원은 큰 힘을 발휘했지요. 영양실조를 앓던 어린이 비율은 42퍼센트에서 17퍼센트로 줄었고, 실업률 역시 60퍼센트에서 45퍼센트로 15퍼센트포인트(%p)나 떨어졌습니다. 1인당 평균 소득도 2배 가까이 상승한 것으로 나타났습니다.

나미비아 외에도 다른 개발도상국에서 실험을 통해 기본소득의 효과를 살펴보았습니다. 한 여성 단체가 유니세프의 지원을 받아 인도의 몇 개 마을 주민에게 성인 1인당 200루피(약 3300원), 어린이 1인당 100루피(1600원) 정도를 지급했습니다. 100루피는 인도에서 달걀 5개, 쌀 1킬로그램짜리 한 포대를 살 수 있는 금액입니다. 이 실험 역시 긍정적인 결과를 불러왔습니다. 기본소득을 받은 마을에서 어린이들의 영양실조가 줄어들었고, 학교에 출석하는 비율도 높아졌습니다. 기본소득을 받은 가정 중 21퍼센트가 이전보다 소득 수준이 높아졌다는 것을 알 수 있었지요. 적은 돈으로 긍정적인 변화가 나타난 것입니다.

두 나라에서 행한 실험이 가져온 효과에 대해 한계점을 지적하는 시선도 있습니다. 이 실험들은 특정한 지역의 소수 주민을 대상으로 비교적 짧은 기간 동안 이루어졌기 때문이지요. 전국에 긴 시간 동안 기본소득이 주어졌을 때 어떤 일이 벌어질지는 알 수 없는 일입니다.

그렇지만 기본소득이 빈곤 계층에 불러올 긍정적인 효과를 확인할 수 있다는 점에서 이 실험의 결과는 일정한 의미를 가집니다. 뿐만 아니라 인도나 나미비아처럼 부정부패가 널리 퍼진 나라에서는 어려운 이들을 뽑아 지원해 주는 제도를 실시해도 실질적으로 도움이 되지 않는 경우가 많습니다. 실제로 인도의 경우 정부에서 빈곤층을 위해 1000여 개의 복지사업을 벌이고 있지만, 공무원들이 부패한 데다 정책이 전달되고 실행되는 체계 역시 비효율적입니다. 이 때문에 복지를 위해 마련된 돈 40퍼센트 이상이 선정된 대상에게 직접 전달되지 않는다고 합니다. 이 경우 복잡다단한 행정 과정

없이 모두에게 기본소득을 나누어 주는 편이 차라리 낭비가 적고 효과도 더 크게 나타날 수 있습니다. 비효율과 부정부패 때문에 돈이 새는 일 없이 국민에게 필요한 복지 혜택이 돌아갈 수 있다는 건 개발도상국에게 매우 중요한 일이겠지요.

실업수당 줄까 기본소득 줄까?

노키아는 한때 휴대전화 매출 세계 1위를 차지했던 기업입니다. 그런 노키아가 스마트폰의 보급으로 휴대전화 사업이 부진해 매각된 건 2013년이었습니다. 2007년 새품이 아이폰을 내놓은 뒤 안일하게 대응하다가 벌어진 일이었지요. 국민 기업이었던 노키아가 몰락한 데다 금융 위기까지 겹치자 핀란드 경제도 타격을 입었습니다. 1인당 국내 총생산이 곤두박질치고, 일하지 않고 실업수당만 받으려고 하는 실업자들이 늘어나기까지 하자, 2017년 핀란드의 중도 우파 정치인들이 중심이 되어 '기본소득'이라는 새로운 방안으로 이 문제를 해결할 수 있을지 2년에 걸쳐 실험해 보았습니다.

실업자 2000명을 무작위로 뽑아 매달 560유로(약 76만 원)를 실업수당이 아니라 기본소득으로 주는 것이 이 프로그램의 주요 내용이었지요. 이때 실업수당이란 말 그대로 일자리를 잃었을 때 주는 수당입니다. 만약 실업자가 일자리를 구하면 실업수당은 끊깁니다. 반면 기본소득은 취업해도 계속 받을 수 있는 돈입니다. 일해서 월급을 타더라도 그에 더해서 기본소득까지 보너스로 얻을 수 있는 셈입니다.

실업자의 입장이라고 생각해 봅시다. 일자리가 없는 상태에서 기본소득을 받는다면 취업해서 돈을 더 많이 벌려고 할지, 실업 상태를 유지하면서 더 편하게 지내려고 할지 고민이 될 겁니다. 핀란드 정부는 이러한 의문을 풀기 위해 실험을 시작한 것입니다.

실험 결과 기본소득을 받은 집단과 실업수당만 받은 집단이 일한 날짜는 거의 비슷했습니다. 2018년에 이루어진 실험에서도 기본소득을 받은 사람이 실업수당을 받은 사람보다 평균 5일 정도 더 일한 것으로 나타났지요.

겉보기에는 기본소득이 사람들을 더 일하게 만드는 데 아무런 효과가 없어 보였습니다. 원래 핀란드 정부에서는 기본소득을 받는 실업자가 실업수당을 받는 사람보다 20~50퍼센트 정도 더 일하려 들 것이라 예상했습니다. 실업수당과 달리 일자리를 구한다고 해서 기본소득이 끊기지 않으니까요. 그러나 실제 결과는 예측보다 훨씬 낮은 8퍼센트에 그쳤지요. 그래서 이를 두고 어떤 이들은 '기본소득의 실패'라고 평가하기도 했습니다. 기본소득이 실업수당에 비해 일할 의욕을 북돋는 데 큰 도움이 되지 않는다는 해석도 나왔습니다.

그러나 또 다른 측면에서는 긍정적인 변화가 있었습니다. 기본소득을 받은 이들은 삶의 만족도가 높아졌고, 사회에 대한 인식도 좋아졌습니다. 기본소득을 받으면서 예전보다 스트레스를 덜 받고, 자신의 미래에 대한 자신감이 높아졌을 뿐 아니라 취업 가능성에 대한 자신감도 높은 편으로 나타났습니다.

이 실험이 실패였는지 성공이었는지는 해석에 따라 아직도 의견이 분분합니다. 그렇지만 이 실험의 보고서에는 성공이나 실패라는 극단적인 단어는 존재하지 않습니다. 사람들의 근로 의욕을 눈에 띄게 증가시켰는지에 대해서는 물음표가 남아 있지요. 다만 숫자로 표현할 수 있는 '생산력'이 증가했는지는 알 수 없지만, 기본소득을

〈핀란드 기본소득 실험(2017~2018) 결과〉

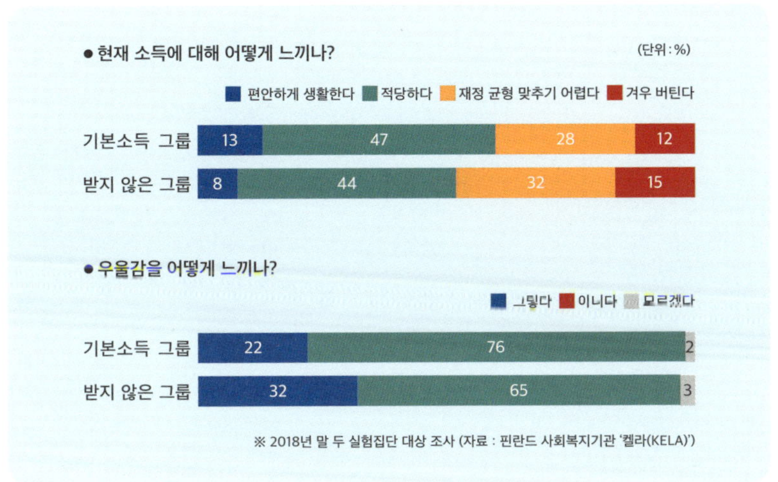

받은 이들의 '삶의 질'이 개선되었다는 측면에서는 확실히 효과가 있었습니다. 무엇을 중심으로 평가하느냐에 따라 이 실험의 의의는 달라진다고 볼 수 있겠지요.

노숙인을 판매원으로
고용하는 잡지사

가끔 지하철역 앞에서 빨간 유니폼을 입고 잡지를 파는 판매원을 볼 수 있습니다. 이 판매원은 원래 노숙인 출신입니다. 그들이 팔고 있는 잡지 『빅이슈』 역시 일반적인 잡지사가 아닌 특별한 기업에서 만든 것입니다.

『빅이슈』는 1991년 영국에서 창간되었습니다. 노숙인 출신의 편집자 존 버드가 친환경 화장품 기업을 운영하던 고든 로딕과 함께 노숙인 문제를 해결하기 위해 창업한 기업이지요. 소속 기자와 재능 기부자들이 만든 잡지를 노숙인 출신의 판매인이 파는 방식을 취하고 있습니다. 잡지 판매 수입의 절반 정도가 판매원에게 돌아가고 있지요. 판매원으로 노숙인을 고용하고 이들을 이후 잡지 편집이나 취재에도 참여시켜 자립하도록 돕고 있습니다. 이 기업을 통해 자활에 성공한 노숙인만 해도 영국에서 5000명이 넘습니다.

잡지의 성공이 알려지자 대만, 호주, 일본 등 다른 나라에서도 이 잡지를 들여왔고, 우리나라에서도 2010년에 잡지를 창간했습니다. 이미 잡지 판매원으

영국에서 『빅이슈』를 판매 중인
노숙인 출신 판매원

로 활동한 800명 중 임대주택에 들어가거나 재취업에 성공한 이들이 많습니다.
특히 우리나라의 경우 잡지 판매를 돕는 것뿐 아니라 임대주택, 주거지원금, 직업
훈련 등을 돕고 있습니다.

이 잡지를 만드는 회사처럼 사회적 목표를 우선으로 두고 경영하는 기업을 사
회적 기업이라 합니다. 일반적으로 기업은 상품을 만들어 팔며 이윤을 추구합니
다. 그러나 사회적 기업은 경제적으로 어렵거나 장애가 있거나 나이가 많은 이들
에게 일자리를 제공하는 경우가 많지요. 지역 발전을 돕거나 지역 주민의 삶의 질
을 높이는 데 중점을 두는 사회적 기업도 있습니다. 세계적으로 유명한 사회적 기
업으로 가난한 사람에게 담보 없이 돈을 빌려주는 방글라데시의 그라민은행, 세계
최초로 3D 홈프린터를 이용해 노숙자나 이재민 등을 위한 집을 짓고 있는 미국의
자선기관 뉴스토리 등을 예로 들 수 있습니다.

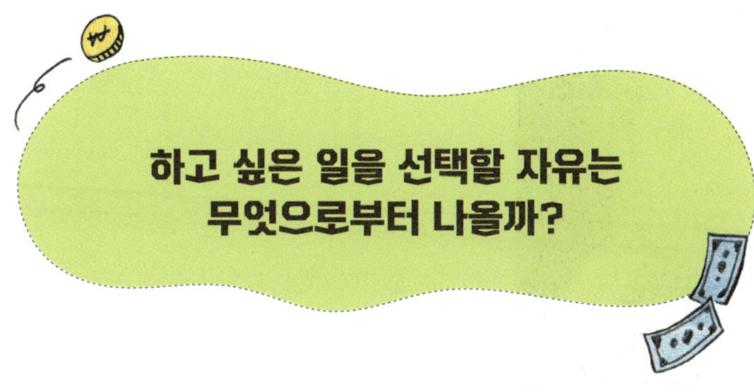

『해리 포터』 탄생의 비밀

새로운 세계로 건너가 마법학교를 다니게 된 소년의 모험을 그린 판타지 소설 『해리 포터』는 전 세계에서 3억 5000부가 팔린 세계적인 베스트셀러 시리즈입니다. 이 시리즈를 쓴 작가 조앤 롤링은 현재 영국 여왕보다 많은 재산을 거머쥔 여성이 되었지만, 『해리 포터』 시리즈가 성공하기 전까지 홀로 아이를 키우는 가난한 엄마였습니다. 이혼 후 생후 4개월인 딸과 함께 공공임대 아파트에서 생활하던 조앤 롤링은 일자리를 제대로 구하지 못했음에도 1년 동안 이를 악물고 소설을 완성했지요. 글을 쓰고자 했던 그녀의 강한 의지를 엿볼 수 있습니다.

『해리 포터』 시리즈를 쓴 소설가 조앤 롤링

그러나 롤링의 성공 뒤에는 숨겨진 비결이 있습니다. 당시 가난했던 롤링은 영국 정부로부터 일주일에 70파운드, 우리 돈으로 12만 원 정도의 생활 보조금을 받고 있었습니다. 크지 않은 돈이었지만 그 덕분에 제대로 된 일자리 없이도 기본 생활을 유지할 수 있었고, 자신만의 소설을 완성할 수 있었지요.

누구나 롤링처럼 하고 싶은 일을 통해 성공하고 싶어 합니다. 그러나 그림을 그리거나 음악 활동을 하며 지내고 싶어도 쉽지 않은 경우가 많지요. 대체로 생계유지 문제가 걸림돌로 작용하기 때문입니다. 자본주의 사회에서는 소수의 사람을 제외하면 대다수가 노동하는 시간을 들여야 그 대가로 돈을 받을 수 있습니다. 특히 예술 계통의 일을 하려면 어느 정도 가난을 감수해야 하는 상황이 많습니다.

이러한 문제를 극단적으로 보여 준 사건이 있습니다. 2011년 우리나라에서 한 젊은이의 죽음이 세상에 알려졌습니다. 국제단편영화제에서 수상할 만큼 유망한 영화감독이자 예술인이었던 시나리오 작가의 죽음이었습니다. 그는 '돈이 되지 않는 일'을 하며 경제적 어려움에 시달렸고, 며칠째 아무것도 먹지 못해 이웃에게 밥과 반찬을 달라고 부탁하는 쪽지를 남겼습니다. 오랫동안 앓던 병이 있었지만 치료받지 못하고 제대로 먹지도 못한 상태에서 홀로 방에서 사망했지요. 그녀의 죽음은 많은 사람에게 충격을 안겼습니다.

이 사건을 계기로 생계를 유지하기 힘든 예술인의 삶을 지원해야 한다는 여론이 일었습니다. 예술인의 직업에 대한 권리를 지키고 창작 활동을 돕기 위해 예술인복지법이 만들어지기도 했지요. 그러나 법이 만들어진 뒤로도 예술인의 생계유지는 여전히 쉽지 않습니다. 순수한 예술 활동으로 벌어들이는 수입은 1281만 원(2018 예술인 실태조사)가량입니다. 평균적으로 월 100만 원 정도를 벌었다는 이야기지요. 심지어 수입이 월 100만 원 미만인 사람이 조사 인원 전체의 절반 이상으로 나타났습니다. 더구나 코로나19로 각종 문화 공연 행사가 취소되면서 많은 예술인이 더 어려운 상황을 맞이하게 되었지요.

좋아하는 일을 지속하며 성공을 일구어 낸 조앤 롤링 그리고 빛나는 재능이 있었으나 경제적으로 어려운 상황에서 죽음에 이른 시나리오 작가의 삶은 무엇이 달랐을까요? 단지 개인의 재능과 열정의 차이 때문에 이토록 다른 결과가 나타난 것일까요? 두 가지 이야기를 살펴보면 좋아하는 일을 지속적으로 하기 위해 무엇이 뒷받침되어야 하는지 생각해 보게 됩니다.

"넌 커서 무슨 일을 하고 싶니?"

어릴 때부터 어른들에게 자주 듣는 단골 질문 중 하나입니다. 가끔 자기소개서에 진로 희망을 적어야 하는 때도 있지요. 이 빈칸을 채울 때마다 많은 학생이 어떤 직업을 써야 할지 고민에 빠집니다. 다른 친구들은 어떤 직업을 장래 희망으로 써냈는지 궁금해지기도 하지요.

여러 기관에서 청소년들의 장래 희망을 설문조사한 결과를 살펴보면 흥미로운 사실을 깨닫게 됩니다. 초등학생 때에는 운동선수나 크리에이터 등의 직업이 인기 순위 5위 안에 들어 있지만, 중학생에서 고등학생으로 갈수록 교사나 간호사, 의사, 군인 등 조금 더 안정적인 직업으로 장래 희망이 바뀌어 가기 때문입니다.

이런 분위기는 직업 선택 요인에 대한 조사를 보아도 알 수 있습니다. 물론 대부분의 학생이 직업을 선택할 때 적성이나 흥미를 중요하게 생각하지만, 나이가 들수록 수입이나 안정성을 더 중요시하는 경향을 나타냅니다. 그 속에서 보람이나 자아 실현 등의 가치는 뒤로 밀리게 마련이지요.

좋아하고 적성에 맞는 희망 직업이 생계를 유지할 수 있는 일이라면 더없이 좋겠지만 그렇지 않은 경우도 많습니다. 이때 여러분

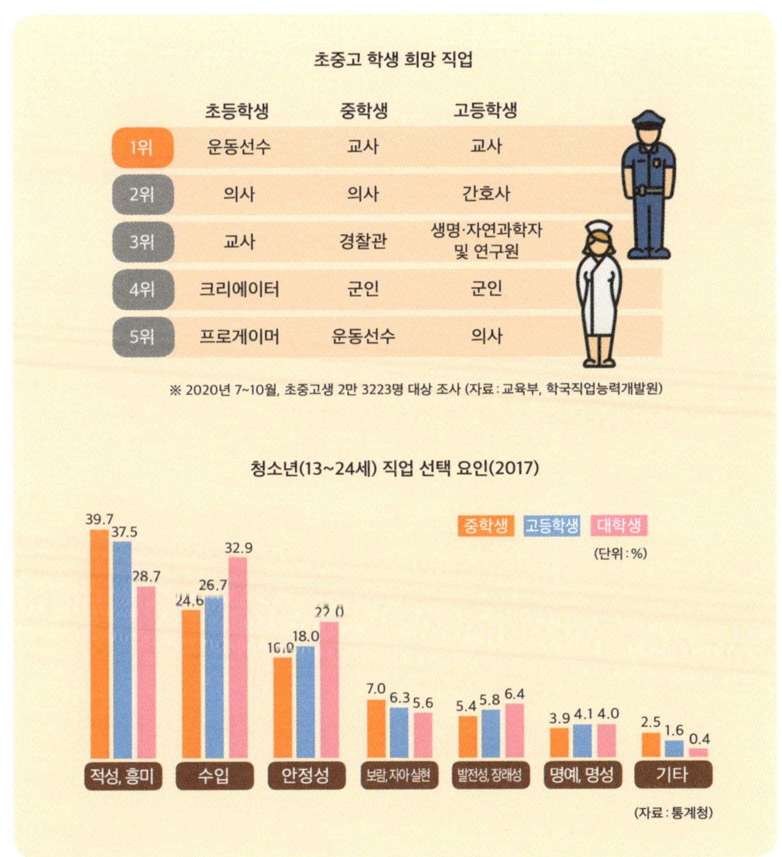

은 '좋아하는 일'과 '안정적으로 생계를 유지하는 일' 중 무엇을 선택하게 될까요? 물론 그 선택은 사람마다 다르겠지만, 나이를 먹을수록 안정적인 일을 택하는 사람이 늘어납니다.

만약 우리에게 대가 없이 30~50만 원 정도의 돈이 들어온다고 생각해 봅시다. 이 돈으로 완벽하게 생계를 해결하기는 어렵습니다. 그렇지만 더 많은 돈을 벌기 위해 무리해서 긴 시간 일하지 않아도 되는 약간의 여유를 얻을 수 있지요. 덕분에 희망 직업의 폭을 조금 더 늘릴 가능성도 있습니다. 기본소득이 인생의 모든 것을 해결해 주지는 않지만 하고 싶은 일을 선택할 여유를 줍니다.

"이번 생은 망했어" 대신 "실패해도 괜찮아"

미국 벤처기업이 모인 실리콘밸리에서는 매년 페일콘(FailCon)이라는 행사가 열립니다. 벤처 사업가들이 모여서 '실패'에 대해 이야기하는 자리이지요. 자신이 어떻게 실패했는지 이야기하고, 이를 바탕으로 '이렇게 해서는 안 된다'는 조언을 건넵니다. 2008년에 시작된 이 회의는 "실패를 껴안고 성공을 만들자"는 구호 아래 이어지고 있습니다.

"실패는 성공의 어머니"라고 말한 토머스 에디슨은 전구를 발명하기 위해 2000번의 실패를 거쳤다고 합니다. 21세기의 성공한 벤처기업인들도 마찬가지입니다. 중국 기업 알리바바의 창업자 마윈은 검색 회사, 홈페이지 제작 회사 등 8번의 실패를 거쳐 성공했습니다. 인터넷 결제 시스템 페이팔을 만든 맥스 레브친도 사업 성공

이전에 6번 정도의 시행착오를 거쳤다고 합니다. 시행착오를 거치면서 잘못된 점을 고쳐 나가면, 사업이나 일에서도 단단한 성공을 이루기 쉽습니다.

그런데 우리나라는 실패에 대해 너그럽지 않은 경향을 가지고 있습니다. 한 연구기관이 30대에서 50대 사이의 사람들을 조사한 결과, 응답자의 절반 가까운 사람(46%)이 '우리 사회는 한번 실패하면 낙오자로 인식된다'는 질문에 '그렇다'고 답했습니다. 시험이나 취업, 창업에 실패할 경우 다시 일어서기 힘든 사회적 분위기와 환경이 존재한다는 이야기지요. 실패해도 괜찮다는 인식이 17.7퍼센트 정도로 낮고, 실패에 대해 막연한 두려움을 느끼는 사람들도 많았지요. 이런 분위기 때문에 10명 중 7명 가까이 '청년들이 새로운 도전을 하기 어려운 환경'이라고 느꼈습니다. 한 번의 실패에도 너그럽지 않은 사회 환경 속에서 "이번 생은 망했어"라는 말이 유행하는 것도 놀라운 일이 아닙니다.

다행히 최근에는 실패를 새롭게 보아야 한다는 생각이 널리 퍼지고 있습니다. 한국에서도 자신의 실패에 대해 솔직히 털어놓고, 재도전의 용기를 북돋아 주는 '실패 박람회'가 열렸습니다. 사람들은 이곳에서 따뜻한 위로를 받으며 성공의 씨앗을 다졌지요.

정신적인 위로도 인생에 큰 도움이 되겠지만, 경제적인 지원은 더 큰 도움이 될 수 있습니다. 2009년 5월 영국에서 노숙인을 대상으

노숙인에게 현금을 나누어 주면 어떤 일이 벌어질까?

로 한 실험이 있었습니다. 13명의 노숙인에게 한 자선 단체가 음식 쿠폰이나 생필품이 아니라 4500달러(약 470만 원)의 현금을 나눠 주었습니다. 이 돈을 어떤 식으로 사용해야 한다는 규칙이나 의무는 전혀 없었습니다. 노숙인들은 원하는 곳에 자유롭게 돈을 쓸 자유를 얻었지요.

결과는 어떻게 나타났을까요? 술이나 도박 등에 돈을 흥청망청 쓸 것이라는 예상과 달리 이들은 전화기, 여권, 사전 등을 구입했습니다. 자신에게 필요한 물품을 골라서 산 것이지요. 심지어 1년 뒤 이 중 11명은 노숙인 생활을 청산하고 학원에 등록하거나 요리를 배우고 있었다고 합니다.

노숙인들은 인생에서 한 번 이상 좌절을 겪은 사람들입니다. 그들에게 현금을 나누어 주자 실패를 딛고 새로운 인생을 시작하게 되었지요. 생존을 유지할 수 있는 경제력이 있으면 실패에 대한 두려움을 딛고 일어설 힘을 얻을 수 있다는 사실이 인상적입니다. 기본소득은 넘어져 일어서기 힘든 사람들에게 패자부활전의 기회를 마련해 줄 수 있습니다.

의미 있는 일을 할 수 있는 여유

2007년 12월 7일 충남 태안군의 만리포 해수욕장 앞바다에서 한 건실 기업의 해상 크레인과 유조선이 충돌하는 사건이 벌어졌습니다. 이 사고로 유조선 오일 탱크에 구멍이 났고, 1만 2547킬로리터의 기름이 쏟아져 바다는 순식간에 시커먼 기름띠로 뒤덮였습니다. 사상 최악의 기름 유출 사고일 거라는 예측도 나왔습니다. 시커먼 기름으로 인해 물고기들이 죽음을 맞아 해변가를 나뒹굴었지요.

놀라운 일은 그 이후에 일어났습니다. 비극적인 소식이 알려지자 전국 곳곳에서 수많은 자원봉사자가 오염된 바다를 구출하기 위해 몰려들었습니다. 그들은 양동이로 기름을 퍼 나르고 바위 사이에 낀 기름을 닦아 냈습니다. 사례금을 받는 것도, 누군가 강제한 일도 아니었지요. 자발적으로 모여든 자원봉사자는 자그마치 123만 명이 넘었습니다.

그들의 노력 덕분에 지저분했던 태안 바다는 깨끗한 모습을 되찾기 시작했습니다. 10여 년이 지난 지금 태안 바다의 악취와 검은 기름띠는 사라졌습니다. 바다가 원래의 모습을 찾는 데 수십 년이 걸릴 거라던 전문가들의 예측은 빗나갔습니다.

순수한 나눔의 정신에서 비롯된 자원봉사는 경제적 대가를 받거나 GDP에 포함되는 활동은 아닙니다. 그렇지만 봉사 활동은 개인에게는 삶의 의미를 찾아 주는 활동이고, 태안의 기적에서 볼 수 있듯 사회적으로 세상을 이전보다 살기 좋게 만들 수 있습니다.

대가가 없기 때문에 생산 또는 노동을 하는 행위보다 봉사 활동

태안 기름 유출 사고 당시 기름을 제거하는 자원봉사자들의 모습

이 가치가 떨어진다고 할 수 있을까요? 그렇지 않습니다. 당장 공장에서 상품을 생산하는 일만 해도 생산 과정에서 매연과 폐수 배출로 환경이 오염되지만 GDP를 늘릴 수 있습니다. 물과 공기를 오염시키거나 자원을 고갈시킬 뿐만 아니라 사회 전체에 손해를 입힐 수 있는 일이지만, 오히려 경제적으로 가치를 생산하는 일로 여겨진다는 사실이 아이러니하지요.

누군가의 삶의 질을 높이는 데 의미가 있으나 경제적으로는 그 가치를 계산할 수 없는 일이 많습니다. 사회나 공동체 유지에 꼭 필요하지만 보수를 받지 않는 일도 많지요. 그러나 많은 현대인이 자신이 하고 싶은 일, 살아가는 데 의미 있는 일을 찾거나 실행할 수 있는 시간은 충분히 누리지 못합니다. 돈을 벌기 위해 '하고 싶은 일'은 우선순위에서 벗어나기 때문입니다. 경제적 대가를 받지 않는 행위는 대부분 '쓸데없다'는 생각이 존재하지요.

매달 정기적으로 돈을 받는다면 생계를 위한 걱정을 조금이라도 덜어 낼 수 있습니다. 덕분에 봉사 활동이나 취미 활동처럼 예전에는 쓸데없다고 생각했지만 삶의 질을 높여 주고 행복을 주는 일들을 찾을 경제적·시간적 여유가 생기지요. 경제적 대가를 떠나 가치 있는 일을 찾아낼 여유를 주는 것, 그게 바로 기본소득이 개인의 삶에 줄 수 있는 선물 아닐까요?

세상에 쓸모없는
직업이 있을까?

세상에 쓸모없는 직업이 있을까요? '직업에는 귀천이 없다' 같은 말을 오랫동안 들어 온 우리는 쉽게 대답하기 어려운 질문이지요. 그런데 이 질문에 과감하게 'YES'라고 답한 사람이 있습니다. 미국의 인류학자 데이비드 그레이버입니다. 그는 2013년 한 잡지에 불쉿 잡(Bull-shit Job)에 관한 짧은 글을 실었습니다. 불쉿은 '빌어먹을' '엉터리'라는 의미를 가진 비속어입니다. 불쉿 잡이란 돈을 벌기는 하지만 업무가 의미 없고 불필요해서 일하는 사람조차 그 존재 의미를 찾기 어려운 직업을 일컫지요. 그레이버는 이런 직업이 자본주의 세상에 널리 존재하고, 심지어 늘어나고 있다고 주장했습니다.

그레이버가 쓸모없는 일로 분류한 직업은 어떤 것일까요? '깡패'처럼 공격적인 부분이 있지만 누군가가 필요에 의해 채용하는 이들, 조직에 꼭 필요하지 않은 형식적인 서류를 종일 작성하는 직업, 다른 누군가를 돋보이게 만들기 위해 존재하는 엘리베이터 안내원 등이 속했지요.

놀라운 건 그레이버의 글에 많은 사람이 공감을 표현했다는 사실입니다. 그들은 자신의 직업이 얼마나 쓸모없는지에 대해 이야기하며 그 일로부터 오는 공허함을 고백했습니다. 실제로 한 여론조사업체가 영국인을 대상으로 '당신의 직업은 세상에 의미 있는 기여를 하는가'라는 질문을 던지자 37퍼센트가 아니라고 대답했습니다. 네덜란드에서는 노동자의 40퍼센트가 자신의 업무가 반드시 존재해야 하는 뚜렷한 이유가 없다고 답하기도 했지요.

이러한 쓸모없는 직업이 늘어나는 이유는 무엇일까요? 그레이버는 금융자본주의의 발전을 원인으로 꼽았습니다. 그는 금융기관이 얽혀 대출을 통해 돈을 만들고, 이 돈을 복잡하게 움직이면서 불필요한 직업이 늘어난다고 말했습니다. 더 나아가 '우리가 수행하는 일의 절반이 필요 없고 사회 전체의 생산성에 큰 영향을 미치지 않는다면, 나머지 절반의 쓸모 있는 일을 재분배함으로써 모든 사람이 하루 네 시간만 일할 수 있지 않을까?'라는 질문을 던지기도 했지요.

그레이버의 이야기는 매우 급진적이지만 직업에 대한 고정관념을 돌아보게끔 합니다. 사회적으로 큰 도움이 되지 않는 일도 높은 보수를 받는다는 이유만으로 '좋은 직업'으로 취급받고, 정작 간호사나 기계 정비공, 소방관 등 세상에 꼭 필요한 직업은 합당한 대우를 받지 못하는 현실에 대해 생각해 볼 기회를 주지요. 세상에 쓸모없는 일을 하며 공허함과 좌절감을 느끼지 않고 개인과 세상에 의미 있는 일을 하며 살아갈 자유가 주어진다면 좋지 않을까요?

원하지 않는 일을 하지 않을 권리

2016년 5월 서울 구의역에서 한 청년이 죽음을 맞았습니다. 고등학교를 졸업하고 스크린 도어를 정비하는 기업에 비정규직으로 취업한 19세 소년이었습니다. 그는 스크린 도어를 고치기 위해 구의역 승강장에서 홀로 정비 작업을 하는 중이었습니다. 일하던 도중 승강장에 열차가 들어왔지만 미처 보지 못하고 목숨을 잃은 것이지요. 사고가 일어난 뒤 소년의 가방에서 식사 대신 먹으려 했던 컵라면 1개가 발견되어 많은 이들의 마음을 아프게 했습니다. 쉬는 시간이 제대로 지켜지지 않는 근무 환경에서 라면과 과자로 끼니를 때우며 일했던 겁니다.

원래는 2인 1조로 일해야 한다는 규칙이 있었습니다. 그렇지만 인력이 부족해 이 기업에 속한 6명이 49개의 역을 모두 맡아 일해야 했기에 소년은 그날 혼자 스크린 도어를 고쳐야 했지요. 그의 사고는 열악한 환경에서 일하는 이들의 현실을 일깨워 주었습니다. 정작 이 일을 책임져야 하는 사람들은 대부분 벌금이나 징역 1년형의 무겁지 않은 처벌을 받았다는 것에 사람들은 분노하기도 했습니다.

이후에도 비슷한 일은 계속 이어졌습니다. 2018년에는 한 화력발전소에서 일하던 비정규직 노동자인 24세 청년이 어둑한 발전소 안에서 컨베이어 벨트 밑에 쌓인 석탄을 치우다 사고가 나 숨졌습니다. 2021년에는 평택항에서 생활비를 벌며 아르바이트하던 청년이 정리 작업을 하다가 컨테이너에 깔려 숨을 거둔 사건도 있었지요. 위험한 일을 비정규직 노동자에게 맡기고 제대로 관리하지 않아 사망하는 일이 계속되고 있습니다.

우리나라는 OECD 기준 산업재해 사망지수가 상위권인 나라입니다. 한국 사회에는 열악한 근무 환경이나 위험한 상황에 처해 있더라도 임금을 받는 일이면 어느 정도 참고 최선을 다해야 한다는 분위기가 존재하지요. 일하지 않으면 생계를 포기한 사람, 쓸모없는 사람으로 취급받기 때문에 근면 성실을 유독 강조합니다. 근면과 성실은 개인에게도, 사회를 위해서도 중요한 미덕임에 틀림없습니다. 그러나 죽음이나 사고의 위협까지 있는 상황을 참아 내면서

까지 해내야 하는 일이 있을까요?

기본소득은 사람들에게 일을 그만둔 다음에 올 상황을 생각할 수 있게 해 줍니다. 당장 일을 그만두어도 정기적인 수입이 있으면 부당한 일자리를 관두거나 나쁜 근무 환경에 항의하는 목소리를 낼 수 있습니다. 이러한 점에서 기본소득은 하기 싫은 일이나 위험한 일을 거부할 수 있는 권리를 마련해 줄 수 있지요. '하기 싫어도 억지로 일하기'라는 선택권 외에 새로운 선택지를 건네주는 것과 같습니다. 특히 4차 산업혁명 이후 플랫폼 기업에게 막강한 힘이 쏠리는 시대가 오면 일자리가 사라지거나 낮은 임금과 힘든 처우를 견뎌야 하는 직업이 많아질지도 모릅니다. 이때 사람들에게 기본적인 소득을 보장해 준다면 사람답게 살 권리를 지켜 줄 수 있겠지요.

참다운 개인으로 사회에 목소리를 낼 기회

사회나 세계사 수업에서 서양의 역사를 배울 때 앞부분에 반드시 나오는 내용 중 하나가 고대 아테네의 민주주의에 관련된 부분입니다. 당시 아테네 시민이라면 누구나 투표를 하고, 민회라는 시민 모임에서 나랏일에 대해 토의할 수 있었습니다. 뿐만 아니라 돌아가면서 1년 동안 공직에 참여해 실제 공무를 집행하기도 했지요. 오늘날 우리처럼 행정 공무원이나 지도자를 직접 뽑는 것이 아니라 모든 시민이 돌아가면서 나랏일을 돌봤던 겁니다.

이렇게 시민들이 정치에 직접 참여할 수 있던 비결은 무엇일까요? 일단 당시에는 시민의 수가 많지 않았습니다. 노예나 외국인, 여성을 제외한 평민 이상의 남성만이 시민에 해당되었기 때문입니다.

뿐만 아니라 당시 시민들은 세상 돌아가는 상황에 관심을 가지고 살펴볼 시간, 정치적 토의를 할 시간적 여유가 있었습니다. 물론 시민 중에는 생산 활동이나 가정에서 일할 필요가 없는 귀족도 있었지요. 농업, 수공업 등의 생산 활동은 노예가, 가사 노동은 여성이 수행했기 때문입니다. 그렇지만 평민인 시민의 경우 농업, 수공업, 상업에 종사하며 생계를 위해 일해야 했습니다. 이들은 제대로 정치에 참여할 시간이나 경제적 여유가 부족하다는 문제가 생겼지요.

아테네의 유명한 정치가 페리클레스는 이 문제를 해결하기 위해 '공무수당'을 만들었습니다. 당시 1년 동안 공무에 참여하면 일정한 수당을 받을 수 있었습니다. 덕분에 시민들은 활발하게 나랏일을 돌보는 데 참여할 수 있었지요. 시민 회의인 민회에 참여해도 일정한 돈을 받았기 때문에 집단의 의사 결정에도 적극적으로 참여했습니다.

아테네의 공무수당은 정치에 관한 새로운 사실을 깨닫게 합니다. 모든 시민이 정치에 제대로 참여하려면 경제적 · 시간적 여유가 필요하다는 사실이지요. 특히 생계를 유지하느라 하루하루 바쁜 저소득층은 투표에 참여하거나 나랏일에 관심을 갖고 관련 정보를 훑어볼 시간이 부족합니다. 그만큼 정치에 참여해 자신의 목소리를 제대로 내기 어렵지요. 이들이 정치에 바로 참여하기 위해서는 생계 유지를 위한 노동으로 들어찬 시간을 벗어나야 할 필요가 있습니다. 누군가의 눈치를 보지 않아도 되는 경제력도 필요하지요.

이런 면에서 기본소득은 경제력이 없거나 사회적 지위가 낮아 약자의 위치에 있는 이들에게 자신의 목소리를 낼 기회, 사회 활동이나 시민운동에 참여할 기회, 정치에 관심을 가질 여유를 선물해 줄 수 있습니다. 단순한 현금이 아니라 어떤 이들에게는 부당한 상황에 항의하고 자신의 권리를 주장할 수 있는 힘을 안겨 주는 것입니다.

아르바이트를 구할 때
반드시 알아야 할 최저임금제

아르바이트를 구하는 한 구인구직 사이트에는 '알바 상식' 중 하나로 최저임금액이 나와 있습니다. 올해 기준 얼마를 받아야 하는지, 적용 대상은 누구인지, 이를 어길 경우 어떻게 해야 하는지 상세하게 알려 주지요. 아르바이트를 구하는 사람이라면 상식처럼 알아야 하는 것이 최저임금제입니다.

최저임금제는 기업이 근로자에게 일정 기준 이상의 임금을 주도록 법으로 강제하는 제도입니다. 노동 시장의 공급자는 노동자, 노동을 필요로 하는 수요자는 고용주입니다. 노동자와 고용주가 자유롭게 거래하며 생기는 임금이 적정한 수준이면 좋겠지만 현실은 대개 그렇지 않지요. 대부분의 상황에서 고용주가 강자, 노동자가 약자가 되기 쉽습니다. 일자리를 제공하는 업체의 숫자보다 일자리를 구하는 사람의 숫자가 대체로 많기 때문입니다. 그래서 낮은 임금을 받으며 최소한의 생활을 누리기 힘든 노동자를 보호하기 위한 방법으로 최저임금제가 존재합니다. 고용주가 임금을 지나치게 낮게 지급할 경우 저임금 노동자들은 생계유지 자체가 힘들 수 있으니 국가에서 최소한의 임금 수준을 정하는 것이지요.

2022년 기준으로 최저임금은 9160원입니다. 즉, 9160원 이하의 임금을 노동자에게 지급하는 고용주는 최저임금제를 어긴 것입니다. 만약 최저임금제를 어긴 사실이 적발될 경우 고용주는 3년 이하의 징역이나 2000만 원 이하의 벌금을 물어야 할 수 있습니다.

우리나라에서는 1953년 근로자의 권리를 보장하기 위한 '근로기준법'이 생기면서 최저임금제의 실시 근거가 생겼습니다. 하지만 당시 한국 경제가 이를 감당

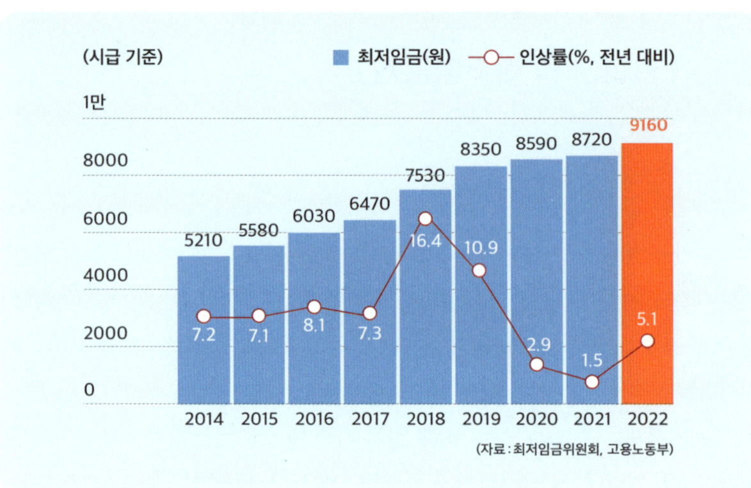

하기 어렵다는 판단으로 실시되지는 않았습니다. 1960~1980년대의 경제 성장에도 불구하고 노동자에 대한 저임금 문제가 해소되지 않았지요. 그러던 중 1986년에 최저임금법이 제정되고 나서 1988년부터 본격적으로 최저임금제가 시행되기에 이르렀습니다.

최저임금제의 존재 자체에 의문을 가지는 이들도 있습니다. 이들은 최저임금을 따로 두지 말고 다른 상품처럼 자유 시장 경제의 원칙에 따라 노동 시장의 수요와 공급에 의해 임금을 결정하는 게 바람직하다고 이야기하지요. 그래야 효율성을 지킬 수 있고, 노동자들의 실업도 막을 수 있다는 주장입니다.

물론 최저임금제에 반대하는 이들의 말이 전부 틀린 건 아닙니다. 최저임금제의 실시 때문에 어려움을 겪는 영세한 자영업자 역시 존재하고, 시장이 왜곡되어 나타나는 문제가 생길 수 있기 때문입니다. 그럼에도 불구하고 인간의 노동력은 일반적인 상품과는 다른 것임을 기억할 필요가 있습니다.

임금 수준은 한 인간의 생계유지를 결정하는 중요한 부분입니다. 생계를 유지할 수 있는 선보다 높은 수준에서 임금을 결정하고 최소한의 생활을 지켜 주어야 함을 되새겨야겠습니다.

게으르지 않았지만
삶의 선택권이 없는 이들을 생각하며

한 22세 청년이 있었습니다. 병든 아버지를 돌보는 걸 포기하고 사망에 이르게 했다는 죄로 징역 4년을 선고받았지요. 그의 이야기가 인터넷 뉴스에 실리자 '인간의 도리를 저버린 패륜아'라는 댓글이 달리기도 했습니다.

이후 한 매체에 의해 전해진 청년의 속사정은 달랐습니다. 대학을 휴학 중이던 청년은 뇌졸중으로 쓰러진 아버지의 간병을 도맡아야 했습니다. 어머니는 초등학교 1학년 때 집을 나간 상태였습니다. 아버지가 병마에 쓰러지자 청년은 아르바이트하며 돈을 벌었지만, 병원비를 내고 나면 쌀 살 돈도 없어 어려움을 겪었습니다. 이를 보다 못한 아버지가 아들을 놓아주겠다면서 방에 들어오지 말라고 이야기했고, 얼마 뒤 사망했습니다.

우리나라에는 오랫동안 아픈 사람을 위한 장기요양보험이라는 복지제도가 있습니다. 나이가 많거나 치매, 중풍 등으로 일상생활

을 유지하기 어려운 이들에게 신체 활동이나 일상생활 등을 지원해
주는 보험입니다. 그러나 이 혜택은 아픈 이가 65세 이상이어야 받
을 수 있습니다. 그렇지 않은 경우 돌봄을 받을 수 있는지 확인하려
면 가난을 입증해야 하지요. 그 과정이 쉽지 않은 데다 22세의 어린
나이에 모든 걸 책임져야 했던 청년은 어려운 상황에 빠졌습니다.

이는 한 개인의 특수한 이야기일 수 있습니다. 그러나 생각해 보
세요. '나는 평생 이런 일을 겪을 가능성이 없다'고 단정 지을 수 있
을까요? 운이 좋지 않다면 누구든 갑자기 아프거나 다쳐서 비슷한
처지가 될 수 있습니다. 경제적으로 풍요롭지 않다면 불운이 닥쳤
을 때 금세 빈곤해질 가능성도 있습니다.

우리는 지금까지 모든 국민에게 아무 조건 없이 주어지는 기본소
득에 대해 알아보았습니다. 기본소득이 가져올 수 있는 효과와 부
작용을 세계 여러 나라에서 실험 중이지요. 핀란드와 케냐, 브라질

등에서 시도하고 있고, 미국 LA와 시카고에서도 수천 명을 대상으로 2022년 대규모 실험을 할 예정이라고 발표했습니다.

기본소득에 대한 찬성과 반대의 입장은 여전히 팽팽히 맞서고 있습니다. 찬성의 입장이지만 당장 실행하기에 아직은 이른 상황이라 생각하는 이들도 있지요. 모든 사람에게는 생각의 자유가 있고, 찬성과 반대의 입장에 서는 것 역시 개인의 자유라 볼 수 있습니다.

그러나 어떤 입장을 따르더라도 잊지 말아야 할 것은 '사람'입니다. 수많은 통계나 빈곤으로 사망한 누군가에 대한 신문기사를 접할 때, 우리는 그 속에 '사람'이 존재한다는 걸 인식하기 어렵습니다. 에어컨 없이 아마존 창고에서 일하는 근로자의 이야기를 읽을 때에도, 빠른 택배 배달을 위해 끊임없이 달리다 과로로 사망하는 누군가의 소식을 들을 때에도, 그 속에 우리와 크게 다르지 않은 '사람'이 존재한다는 사실을 쉽게 잊고는 합니다. 그저 무심히 남의 이

야기라 넘기기 쉽지요.

일자리를 잃거나 병을 앓거나 주변의 누군가가 아파서 불운한 일을 겪을 수 있습니다. 좋아하는 일을 해도 생계를 유지하기 어렵거나 일을 하면 국가 지원마저 끊겨 버리는 일이 생길 수도 있지요. 이런 때에도 잘 버틸 수 있는 운 좋은 사람도 있겠지만, 대다수 평범한 사람은 생계를 유지하기 어려운 상황에 빠질 가능성이 큽니다.

우리나라의 최고 권위의 법인 헌법 제34조에는 '국가는 모든 국민의 최소한의 생활을 보장한다'는 내용이 있지요. 그러나 국가의 보호를 받지 못하고 인간다운 생활을 유지하기 어려운 사람들이 사회에 분명 존재합니다. '소외된 이웃'이 나와 다르지 않은 사람이라는 걸 깨닫는 일, 그것이 기본소득뿐 아니라 우리 주변의 세상을 돌아볼 때 필요한 태도 아닐까요?

참고문헌

강남훈, 『기본소득의 경제학』, 박종철출판사, 2019.

강양구, 『수상한 질문, 위험한 생각들』, 북트리거, 2019.

김만권, 『새로운 가난이 온다』, 혜다, 2021.

김명자, 『산업혁명으로 세계사를 읽다』, 까치(까치글방), 2019.

노암 촘스키, 『불평등의 이유』, 유강은 옮김, 이데아, 2018.

데이비드 그레이버, 『불쉿 잡』, 김병화 옮김, 민음사, 2021.

미하엘 엔데, 『모모』, 한미희 옮김, 비룡소, 1999.

오준호, 『기본소득이 세상을 바꾼다』, 개마고원, 2017.

이반 일리치, 『그림자 노동』, 노승영 옮김, 사월의 책, 2015.

이상이, 『기본소득 비판』, 밈, 2021.

이완배, 『경제교과서, 세상에 딴지 걸다』, 푸른숲주니어, 2012.

이원재, 『소득의 미래』, 어크로스, 2019.

조기현, 『아빠의 아빠가 됐다』, 이매진, 2019.

토마 피케티, 『자본과 이데올로기』, 안준범 옮김, 문학동네, 2020.

김미루·오윤혜, 「1차 긴급재난지원금 정책의 효과와 시사점」, KDI정책포럼 제281호,
2020.

김준헌·박인환, 「주요국의 재난지원금 지급사례와 분석」, 국회입법조사처, 2021.

미래창조과학부 미래준비위원회·한국과학기술기획평가원·카이스트, 「10년 후 대한민국 미래전략 보고서, 4차 산업혁명 시대의 생산과 소비」, 미래창조과학부, 2017.

미래창조과학부 미래준비위원회·한국과학기술기획평가원·카이스트, 「10년 후 대한민국 미래전략 보고서, 미래 일자리의 길을 찾다」, 미래창조과학부, 2017.

박소은, 「근로(능력)빈곤층에 대한 근로장려세제의 효과 분석」, 한국보건사회연구원, 2021.

양재진, 「전 국민 기본소득의 정책 효과와 한계 분석」, 『동향과 전망』 110호, 2020.

정원호·이상준·강남훈, 「4차 산업혁명 시대 기본소득이 노동시장에 미치는 효과 연구」, 한국직업능력개발원, 2016.

E. Berkhout, N. Galasso, M. Lawson, P. Morales, A. Taneja, D. Piment, 「2021 불평등 보고서, 불평등 바이러스(The Inequality Virus)」, 옥스팜 보고서, 2021.

사진 출처

Wikimedia commons

12쪽 14쪽 22쪽 34쪽 36쪽 41쪽 43쪽 53쪽 67쪽 76쪽 78쪽
83쪽 92쪽 101쪽 105쪽 113쪽 115쪽 119쪽 123쪽 130쪽 133쪽
153쪽 173쪽 176쪽 182쪽 184쪽

pixabay

85쪽 90쪽 164쪽

shutterstock

63쪽 95쪽

flicker

69쪽

자본주의를 부탁해!

초판 1쇄 발행일 2022년 3월 25일
초판 2쇄 발행일 2023년 1월 18일

지은이   태지원
펴낸이   정은영
편집   문진아 최수인 정사라
마케팅   유정래 한정우 전강산
제작   홍동근

펴낸곳   (주)자음과모음
출판등록 2001년 11월 28일 제2001-000259호
주소   10881 경기도 파주시 회동길 325-20
전화   편집부 (02)324-2347, 경영지원부 (02)325-6047
팩스   편집부 (02)324-2348, 경영지원부 (02)2648-1311
이메일   jamoteen@jamobook.com

ISBN 978-89-544-4810-9(44080)
     978-89-544-3135-4(set)